W0176923

Kay-Henner Menge • Isabell Klitzing

POMMES

KOCHBUCH

FALKEN

++ French fries +++

INHALT

POMMES, CHIPS, FRENCH FRIES, PATATAS FRITAS

Menton, Gourmetparadies Côte d'Azur. Das Meer spiegelt die untergehende Sonne, die Restaurants am Boulevard bereiten das Diner vor. Speisekarten künden von Entenleber, Bouillabaisse, Tarte tatin. Doch erst ein gelbes Flugblatt vermag die Passanten zu fesseln. „Frisch geschnitten", steht dort, „Original belgische Pommes frites!"

Canyon Ranch, Arizona. In der berühmten Beauty-Farm kostet die Nacht etwa 3000 $ kalorienreduzierte Menüs inklusive. Routiniert plaudern die Gäste bei Tisch über Body-Mass-Index, Watsu-Massagen und salzarme Kost, als eine in der Runde sich als McDonalds-Managerin zu erkennen gibt. „Fast Food!", rufen die Wellness-Fans entzückt, „French Fries!"

Berlin, deutsche Hauptstadt mit Metropolen-Anspruch auch in der Kunst. Die Feuilletons feiern die junge Pianistin Sibylle Briner, die sogar Stardirigent Abbado beeindrucken konnte. Ein Artikel über das Klassik-Talent beginnt so: „Am liebsten isst sie Pommes mit Mayo" ...

ZAUBERSTÄBCHEN

Sollte jemals ein Esperanto des Essens gesucht werden: Pommes frites sind es. Kein anderes Nahrungsmittel ruft so einheitliche Reaktionen hervor – schichten-, alters- und kulturübergreifend. Der Banker wie der Schuljunge verlangen an der Theke Nachschlag, die Nachtschwärmerin im ortsansässigen Drive-in folgt ihrer Obsession genauso wie jene pensionierte Berliner Schuldirektorin, die 77-jährig über Pommesbuden promovierte.

Die Magie der Zauberstäbchen liegt in der Vielfalt der Reize, die sie auslösen. Absolute Befriedigung empfindet das Kind (und wer wird da je wirklich volljährig?), wenn die krossen Stäbchen knusprig ihren Widerstand auf- und die weiche Masse freigeben. Wenn der einzigartige Mix von süß und herzhaft, von Kartoffeln und Ketchup, Salz und Mayonnaise den Gaumen tröstet (weil das Fett als Geschmacksverstärker brilliert). Wenn das Angeln in der Tüte den Fingern taktile Erfolgserlebnisse beschert ... Dies alles ist offenbar tief im Langzeitgedächtnis gespeichert. Warum sonst assoziieren wir mit Pommes Begriffe wie Ferien und hitzefrei oder loben ihre „Schwimmbad-Qualität"?

Und es scheint, als seien die Sinneseindrücke aus der lang vergangenen Zeit, in der Essen nur Spaß, nie Reue bedeutete, stärker als alle Skrupel, die heute üblicherweise zu Alltags-Sünden gehören.

Im Gegensatz zu der fröstelnd auf dem Balkon gerauchten Zigarette, der heimlich genaschten Praline bekennen wir uns zu Pommes. Wir teilen anderen den Genuss mit, mehr noch: Wir teilen ihn mit ihnen. Als Konsum- und Konversationsobjekt haben die sozial begabten Kartoffelstückchen Kultstatus. Ketchup, Mayo oder beides? Schmaler oder dicker? Mit Wurst oder pur? Keine Geschmackssache. Glaubensfragen.

ANDERE LÄNDER, ANDERE FRITTEN
Schon über die Herkunft wird leidenschaftlich gestritten. Während die Weltkarriere der in Peru beheimateten „Patata" eindeutig mit einer Atlantikfahrt im Jahr 1555 begann, pochen in Sachen Pommes Belgier, Franzosen und Amerikaner aufs Urheberrecht – wobei Erstere die überzeugendste Geschichte erzählen: Im Maas-Tal pflegten die armen Bauern einst einen billigen Imbiss zuzubereiten, indem sie kleine Flussfische in ausgelassenem Rinderfett frittierten. Als im Winter 1691 die Maas zufror, schnitten die findigen Hungrigen Kartoffeln in Fischchen-Form – Premiere der „Frietjes". Heute werden zum Braten von Pommes pflanzliche Fette verwendet, davon abgesehen, hat sich am „Prinzip Pommes" nicht

viel verändert: Frittieren funktioniert ähnlich wie etwas in Wasser kochen – das Nahrungsmittel wird von allen Seiten erhitzt. Weil Fett jedoch wesentlich heißer wird (die ideale Temperatur beträgt 170–190 °C), entzieht es den Fritten Feuchtigkeit, karamellisiert ihren Oberflächenzucker und verschließt die Oberfläche – sodass nicht zu viel Öl aufgenommen wird. Der Trick, die Stäbchen ein zweites Mal superknusprig zu frittieren, kommt übrigens auch aus Belgien. Heute, im Jahr 310 n. Pommes, gibt es dort über 7000 Pommes-Buden, 21 Pommes-Saucen, ein Pommes-Museum und drei Dutzend Pommes-Witze. Mit einem Konsum von 48 kg Pommes pro Jahr und Kopf halten die Belgier den Europa-Rekord (zum Vergleich: In Deutschland sind es 11 kg).

Den Franzosen als Gourmetnation gebührt dafür die Ehre, Fritten kreativ variiert zu haben: Sie kennen die strohhalmartigen „Pommes pailles", die streichholzdünnen „Allumettes", die kastigen „Pont Neufs" und „Gauffrettes", gewaffelte Scheiben. Während sich die Spanier auf ihre – selbstverständlich in Olivenöl zubereiteten – „Patatas fritas" konzentrieren, kümmert man sich in

den USA, wie sooft, um die Extreme: Das Land, in dem jedes vierte Restaurant-Gericht mit Pommes-Beilage serviert wird, hat z. B. die übergroßen „Texas Fries" und die nährstoffreichen kalorienarmen „Potatoe skins" kreiert. Wie wichtig den Engländern die bessere Hälfte ihres ansonsten gewöhnungsbedürftigen Nationalgerichts „Fish 'n' Chips" ist, zeigt nicht nur der Blick in jedes Pub. Anlässlich der „National Chip Week 2000" haben Wissenschaftler eigens die Psyche von Pommes-frites-Konsumenten untersucht und fünf verschiedene Typen herausgearbeitet: genüssliche Gourmets, zurückhaltende Knabberer, hastige Verschlinger, Grummler (immer auf der Suche nach der ersten Portion von damals) und Widerständler. Überschneidungen zwischen den Gruppen kommen durchaus vor.

REIN IN DIE KARTOFFELN

Das Standard-Stäbchen der Deutschen verfügt über die Traummaße 9 x 9 mm x 7 cm. Um optimale Konsistenz und Geschmack zu gewährleisten, sollte der Wassergehalt der Kartoffel nicht über 80 %, der von Stärke zwischen 14 und 17 %, der Zuckeranteil generell nicht zu hoch liegen. Nur die wenigsten der 160 einheimischen Knollensorten dürfen sich zu den Auserwählten zählen – in der Regel die mehlig kochende „Bintje" und die vorwiegend festkochende „Desirée". Am exquisitesten schmecken natürlich frisch geschnittene Kartoffelschnitze – doch dank immer verfeinerter Techniken können vorgefertigte Fritten heute auch kritischere Gaumen vollauf zufrieden stellen.

Zumal die maschinelle Pommeswerdung wohl zu den anspruchsvollsten Reifeprozessen zählt, die ein Gemüse durchmachen kann: Zunächst müssen die Knollen Sortiermaschinen passieren – nur die mit mehr als 50 mm Durchmesser kommen durch. Anschließend: Handverlese, Rohware-Aufbereitung, Vorwäsche, Stärketest, Zuckertest, Nitratprüfung. Nach den Check-ups warten Schälsystem, Spülung, Kompressor, Steigeband ... bis Bintje & Co. per Wasserstrahl mit 80 Stundenkilometern durch ein Gittermesser gejagt werden. 1–3 Minuten dauert das Vorfrittieren bei 130 –180 °C, dann sind die Fritten parat: fürs Kühlhaus – oder fürs Büdchen.

BUDENZAUBER ODER HEIMSPIEL

Ob Stand, Bude oder Kiosk, ob „Rudis Grillstation" oder „Strucks schnelle Küche": Lange bevor die so genannte Erlebnisgastronomie die Restaurants eroberte, wurde sie an den Pommesbuden bereits praktiziert – ganz ohne Salto schlagende Kellner und fliegende Desserts. Hier lässt sich der Hunger nach Nahrung ebenso stillen wie der nach menschlichem Kontakt, lässt sich abhängen und auftanken, lästern und lamentieren. Keine Vorstadt-Erzählung, kein Milieu-Krimi kommt ohne diesen Schauplatz aus, und inzwischen avancieren die Buden sogar zu Anlaufstationen der jungen Szene. Die geschmackvoll-geschmacklosen Interieurs spielen dabei laut Testergebnissen auf der Website „www.fritts.de" eine ebenso wichtige Rolle wie das kulinarische Angebot. Im Stil einer

trendigen Stadtillustrierten werden hier Buden landauf, landab bewertet – und die Münchner, in deren Stadt diese eigentlich unverzichtbaren Institutionen nahezu gänzlich fehlen, folgerichtig mit den besten Club-Adressen getröstet.

Dabei lautet die verlockendste Alternative zum Kiosk nicht Ausgehen, sondern zu Hause bleiben und das Essen mit Stäbchen selbst zubereiten. Seit der Erfindung tiefgekühlter Pommes sind Fritteuse sowie abwaschbare Küchentapete nicht mehr zwingend notwendig – und auch die Gewissensbisse deutlich geringer geworden: Auf dem Backblech im Ofen erhitzte Schnitze enthalten 30 % weniger Fett als ihre in Öl gebratenen Artgenossen (150 g herkömmlich zubereitete Pommes bringen es auf 16 g Fett und 330 Kalorien).

Außerdem lassen sich Fritten nach Art des Hauses variantenreich ergänzen – so, wie es Ernährungsexperten empfehlen, und Profis wie die Belgier lange praktizieren. Saucen wie Blue-Cheese-Dip oder Guacamole (ab S. 24) bieten eine Abwechslung zu Rot-Weiß; internationale Rezepte wie Muscheln oder Lachsburger mit Pommes sind „Fingerübungen" für moderne Köche (ab S. 56). Und dass Pommes auch leicht und edel daherkommen können, freut die Gesundheitsbewussten genauso wie Fans der gehobenen Küche (ab S. 78).

Übrigens: Als Kartoffel-Produkt sind Pommes frites reich an Vitamin C. Die Hochrechnung cleverer Fritten-Fans lautet daher: Ein Pfund Pommes deckt den Tagesbedarf eines Erwachsenen. Ob man das in Canyon Ranch schon weiß?

BAURU-IMBISS

Den brasilianischen „Bauru-Imbiss"
in der zentralen Kultur- und Kneipen-
straße gibt es erst seit Herbst 2000
und schon zählen die Pommes dort
zu den besten von Berlin. Verlockend
duften sie aus dem kleinen, leuch-
tend gelben Wagen, der Cassia Galiao
gehört. Mit einem wunderschönen
Lächeln serviert sie hausgemachte
Knoblauchsauce mit Dill und süßsaure
Chilisauce zu den knusprigen Kartoffelstäbchen. Diese Kombination heißt
„superleckere Sauce", und das ist sie
auch. Ein Besuch bei Cassia lohnt sich
auch wegen ihrer Baurus, das sind bra-
silianische Hamburger mit viel Salat.
Cassia arbeitet hart, am Wochenende
die ganze Nacht. Trotz der Anstrengung
macht ihr die Arbeit dann am meisten
Spaß: „Manchmal tanze ich mit den
Gästen. Sogar im Winter haben wir hier
schon getanzt."

Britta Symma

Bauru-Imbiss
Oranienburger Straße, Berlin-Mitte

KONNOPKE

Kross und belebend – so munden die
Pommes mit Wellenschnitt bei Kon-
nopkes. Der eigentlich für seine Currywurst berühmte Stand wurde 1930
von Max Konnopke gegründet. Damals
gab's Bockwurst, Blutwurst, Bratwurst
oder Bulette. Die Currywurst, von Konnopke mit speziellen Ingredienzen ver-
edelt, eroberte erst nach 1960 als Mit-
bringsel aus dem „Westen" den Ostteil
der Stadt. Inzwischen verkauft das
Unternehmen im ratternden U-Bahn-
Karree täglich mehr als 1000 Würste –
geschnitten oder ganz.

Ines Christner-Benedetti

Konnopke
Schönhauser Allee,
Berlin-Prenzlauer Berg

POMMES UNTERM REGENBOGEN

Tourimeile Ku'damm. Zentrale Anlaufstelle, auch „wenn man auf die Szene geht", ist der Wittenbergplatz, weiß Michael, Betreiber der ersten Berliner Pommes Manufaktur. Die Kartoffelstäbchen sind handgeschnitten, größer und breiter als anderswo. Das Besondere aber sind die Saucen. In allen Regenbogenfarben gibt es sie. „Saté und süß-saure Chilisaucen haben wir exklusiv", sagt Michael, die eine Hälfte des Betreiber-Duos. „Und die Knoblauch-Mayo kommt von Björn", der anderen Hälfte von „Pommes unterm Regenbogen". Samstags steht die Schlange etliche Meter in Richtung KaDeWe. Björn und Michael pflegen den etwas anderen Umgang mit den Kunden. „Wir sind frech und direkt. Wir rufen schon mal: ‚Sind da Schwule in der Schlange? Dann bitte vortreten.' Oder wir empfehlen Saucen und stellen 'nen Teller zur Auswahl auf den Tisch." Jeder nach seinem Geschmack, so läuft der Laden. Etwas anders, wie Björn und Michael.

Elke Brinkkötter

Pommes unterm Regenbogen
Wittenbergplatz, Berlin-Schöneberg

IMBISS AM RICHARDPLATZ

Natürlich ist Pommes mit Currywurst das Leib- und Magengericht der multikulturellen Stammkundschaft am Neuköllner Richardplatz. „Da sind keine Querköppe dabei. Alle sind nett. Und ich kann mich auch auf jeden einstellen", sagt Eckhardt Fabian, 59, und lächelt sein bescheidenes Lächeln. 30 Jahre Berufserfahrung vor Ort, zuerst in einem Imbisswagen, dann in dem denkmalgeschützten weißen Häuschen. Der kleine weiße Rundbau mit den Säulen ist über 100 Jahre alt. Ein angemessenes Ambiente für die exzellenten Pommes, die Fabian zubereitet. „Die Arbeit ist für mich wie ein Zeitvertreib", sagt er zufrieden. „Ich kann mit jedem quatschen, der bei mir vorbeikommt."

Martina Zemáková

Imbiss am Richardplatz
Berlin-Neukölln

FRISCHE POMMES FRITES

GRUNDREZEPT 1

Für 4 Personen
Dauer: ca. 45 Min.

1,3 kg große vorwiegend fest
    kochende Kartoffeln
ca. 3 l Pflanzenöl zum Frittieren
Salz

1 Kartoffeln schälen, in etwa 1 cm dicke Scheiben und ebenso dicke Stifte schneiden (siehe Tipp). Kleine Eckstücke aussortieren, sie verbrennen beim Frittieren.

2 Die Kartoffelstifte in kaltem Wasser schwenken und so die Stärke abspülen, die sich auf den Schnittflächen abgesetzt hat, sonst kleben die Pommes beim Frittieren zusammen. Die Stifte kurz abtropfen lassen, zwischen 2 Geschirrtüchern trocknen.

3 Das Frittieröl in einem hohen Topf (oder in einer Fritteuse) auf etwa 128 °C erhitzen. Die Kartoffelstifte in 2 Portionen im heißen Öl 8–10 Min. vorfrittieren. Mit einer Schaumkelle (mit Kunststoffgriff) herausheben und im abgetrockneten Sieb abtropfen lassen.

4 Die Kartoffelstifte wieder in 2 Portionen in 3–4 Min. goldgelb und knusprig frittieren. Mit der Schaumkelle ins Sieb geben und anhängendes Fett abschütteln. Die Pommes frites auf ein mit Küchenkrepp ausgelegtes Backblech legen und im heißen Backofen bei 100 °C (Umluft nicht empfehlenswert, Gas Stufe 1) nur so lange warm halten, bis die übrigen Pommes frittiert sind. Alle Pommes frites mischen, salzen und sofort servieren.

+++ selbst gemacht

tipp

Das Schneiden der Kartoffeln geht am besten auf einem Gemüsehobel oder mit einem Pommes-frites-Schneider (gibts im Haushaltswarengeschäft). Alternativ tut es natürlich auch ein scharfes Küchenmesser!

FEINE KARTOFFELSTÄBCHEN

1 Die Kartoffeln schälen und erst in $1/2$ cm dünne Scheiben, dann in ebenso dünne Stäbchen schneiden. Die Stäbchen in kochendem Salzwasser etwa 2 Min. garen, mit kaltem Wasser abschrecken und anschließend in einem Sieb gut abtropfen lassen.

2 Das Frittieröl in einem hohen Topf (oder in einer Fritteuse) bei starker Hitze auf 180 °C erhitzen.

3 Die Kartoffelstäbchen wie im nebenstehenden Rezept beschrieben trockentupfen. Das Sieb abtrocknen. Die Kartoffelstäbchen im heißen Öl in 10–12 Min. goldbraun frittieren, mit einer Schaumkelle (mit Kunststoffgriff) herausheben, in ein Sieb geben und anhängendes Fett abschütteln. Die Pommes frites salzen und sofort servieren.

Für 2 Personen
Dauer: ca. 30 Min.

500 g große vorwiegend fest kochende Kartoffeln
ca. 1 l Pflanzenöl zum Frittieren
Salz

FRISCHE KARTOFFELCHIPS

GRUNDREZEPT 2

Für 4 Personen
Dauer: ca. 45 Min.

800 g große vorwiegend fest
    kochende Kartoffeln
ca. 2 l Pflanzenöl zum Frittieren
Salz
etwas Cayennepfeffer (nach Belieben)

1 Die Kartoffeln schälen und quer oder längs in sehr dünne Scheiben schneiden. Das geht am besten auf einem Gemüsehobel oder mit dem Sparschäler.

2 Die Kartoffelscheiben für etwa 30 Min. in kaltes Wasser legen, dann in ein Sieb schütten und kurz abtropfen lassen. Die Scheiben zwischen zwei Geschirrtüchern trocknen. Das Sieb ebenfalls abtrocknen.

3 Das Frittieröl in einem hohen Topf (oder in einer Fritteuse) bei starker Hitze auf 180 °C erhitzen.

4 Die Kartoffelscheiben portionsweise im heißen Öl in 1–3 Min. goldgelb vorfrittieren. Die Scheiben mit einer Schaumkelle (mit Kunststoffgriff) herausheben und im Sieb abtropfen lassen.

5 Die Chips anschließend portionsweise weitere 2 Min. goldbraun und knusprig frittieren. Die Kartoffelchips auf ein mit Küchenkrepp ausgelegtes Backblech legen und im heißen Backofen bei 100 °C (Umluft nicht empfehlenswert, Gas Stufe 1) nur so lange warm halten, bis die übrigen Chips frittiert sind. Alle Chips mit Salz und nach Belieben Cayennepfeffer würzen und mit einem Dip o. Ä. sofort servieren.

tipp

Ungewürzte Kartoffelchips können Sie im heißen Ofen bei 200 °C (Umluft 180 °C, Gas Stufe 3) in 5–8 Min. aufbacken.

GEMÜSECHIPS

Für 4 Personen
Dauer: ca. 40 Min.

750 g Steckrübe oder 750 g mittel-
    große Rote Beten oder
    750 g Süßkartoffeln
ca. 2 l Pflanzenöl zum Frittieren
Salz

1 Steckrübe, Rote Beten oder Süßkartoffeln putzen und schälen. Die Steckrübe vierteln und die Viertel quer in dünne Scheiben schneiden. Rote Beten oder Süßkartoffeln im Ganzen in dünne Scheiben schneiden. Das geht am besten mit einem Gemüsehobel.

2 Das Frittieröl in einem hohen Topf (oder in einer Fritteuse) bei starker Hitze auf 180 °C erhitzen.

3 Die Steckrübenscheiben in 2 Portionen in jeweils 2–3 Min. goldgelb frittieren. Die Rote-Bete-Chips ebenfalls in 2 Portionen in jeweils 3–5 Min. frittieren. Süßkartoffelchips in 2 Portionen jeweils 1–2 Min. frittieren.

4 Die Gemüsechips mit einer Schaumkelle (mit Kunststoffgriff) herausheben, auf ein mit Küchenkrepp ausgelegtes Backblech legen, mit Küchenkrepp bedecken und dieses leicht andrücken.

5 Die Chips im heißen Backofen bei 100 °C (Umluft nicht empfehlenswert, Gas Stufe 1) nur so lange warm halten, bis auch die zweite Portion frittiert ist. Die Gemüsechips dann mischen, salzen und sofort servieren.

tipp

Bei Gemüsechips ist es besonders wichtig, ständig zu kontrollieren, ob die Chips nicht verbrennen. Die Zeitangaben sind nur Nährungswerte.

+++ selbst gemacht

++ Pommes, Chips & Co

POMMES IN PANADE

1 kg große fest kochende Kartoffeln
Salz
2 rote Chilischoten
1 Bund Schnittlauch
80 g Paniermehl
80 g Maisgrieß (Polenta)
¹⁄₂ TL gem. Koriander
150 g Mehl
3 Eier
ca. 3 l Pflanzenöl zum Frittieren

1 Die Kartoffeln schälen, längs halbieren und der Länge nach in etwa 1 cm dicke Scheiben schneiden. Reichlich Salzwasser aufkochen und die Kartoffeln darin etwa 3 Min. sprudelnd kochen lassen, mit kaltem Wasser abschrecken und in einem Sieb gut abtropfen lassen.

2 Die Chilischoten waschen, längs halbieren, entkernen und fein würfeln. Den Schnittlauch waschen, trocknen und in feine Röllchen schneiden.

3 Chilis und Schnittlauch mit Paniermehl und Maisgrieß in einen Gefrierbeutel geben und gut mischen. Koriander und Mehl ebenfalls in einem Gefrierbeutel mischen. Die Eier sorgfältig verquirlen und auf einen flachen Teller geben.

4 Die Kartoffelscheiben zwischen zwei Geschirrtüchern trocknen, dann portionsweise erst im Beutel mit dem Mehl wenden, dann in den Eiern, dann in der Paniermehlmischung wenden.

5 Das Frittieröl in einem hohen Topf (oder in einer Fritteuse) bei starker Hitze auf 180 °C erhitzen. Die Kartoffelscheiben darin in 2 Portionen 3–4 Min. goldgelb und knusprig frittieren. Mit einer Schaumkelle (mit Kunststoffgriff) in ein Sieb geben und anhängendes Fett sehr vorsichtig abschütteln.

6 Die Pommes frites auf ein mit Küchenkrepp ausgelegtes Backblech legen und im heißen Backofen bei 100 °C (Umluft nicht empfehlenswert, Gas Stufe 1) nur so lange warm halten, bis die übrigen Pommes frittiert sind. Heiß mit einem Dip o. Ä. servieren.

POTATOE SKINS AUS DEM OFEN

Für 4 Personen
Dauer: ca. 20 Min.
Backzeit: ca. 1¼ Std.

12 gleich große fest kochende
   Kartoffeln
4 EL Pflanzenöl
80 g Knoblauchbutter (Kühlregal)
Salz, Pfeffer

1 Den Backofen auf 200 °C (Umluft 180 °C, Gas Stufe 3) vorheizen. Die Kartoffeln gründlich waschen, abbürsten, trocknen, rundherum mit Öl bepinseln und auf ein Backblech legen. Die Kartoffeln im heißen Backofen auf der zweiten Schiene von unten etwa 40 Min. backen.

2 Die Kartoffeln mit einer Gabel rundherum mehrfach einstechen und weitere 20 Min. backen, dann etwas abkühlen lassen.

3 Den Backofen auf 250 °C (Umluft 230 °C, Gas Stufe 5) vorheizen und die Knoblauchbutter zerlassen. Die Kartoffeln längs vierteln und mit einem Teelöffel so aushöhlen, dass ein etwa 4 mm breiter Rand stehen bleibt. (Das Kartoffelinnere für ein anderes Gericht verwenden.)

4 Die Potatoe skins salzen und pfeffern, mit der Knoblauchbutter beträufeln, auf das Blech setzen und im heißen Backofen auf der zweiten Schiene von unten 10–15 Min. backen. Heiß mit einem Dip o. Ä. servieren.

tipp

Besonders edel werden die Kartoffelschalen, wenn Sie die Knoblauchbutter durch eine Mischung aus 40 g Trüffelbutter (Kühlregal) und 40 g normaler Butter ersetzen.

+++ selbst gemacht

POMMES „ROT-WEISS"

Für 4 Personen
Dauer: ca. 1¹/₂ Std.
(inklusive Pommes-Zubereitung)

Für das Tomatenketchup

1,2 kg reife Tomaten
125 g brauner Zucker
150 ml Obstessig
je ¹/₄ TL gem. Ingwer, gem. Nelken,
   edelsüßes Paprikapulver, ger.
   Muskatnuss, Cayennepfeffer
Salz

Für die Limetten-Mayonnaise

1 Limette
200 g Mayonnaise

Für die Pommes

1 kg vorwiegend fest kochende
   Kartoffeln, Pflanzenöl zum
   Frittieren und Salz (oder
   750 g TK-Pommes-frites)

1 Für das Tomatenketchup die Tomaten waschen und würfeln, dabei den Stielansatz herausschneiden. Zucker und Tomatenwürfel in einen Topf geben, mischen und etwa 10 Min. ziehen lassen. Dann die Tomaten aufkochen und bei mittlerer Hitze etwa 10 Min. kochen lassen; gelegentlich umrühren. Die Tomaten durch ein Sieb in einen sauberen Topf streichen.

2 Zucker, Essig, alle Gewürze und 1 TL Salz zum Tomatenpüree geben und aufkochen. Das Ganze bei mittlerer Hitze offen etwa 1 Std. kochen lassen, bis das Tomatenketchup dicklich wird.

3 Inzwischen für die Limetten-Mayonnaise die Limette heiß abwaschen und trocknen. Die Schale abreiben und die Limette auspressen. Die Mayonnaise mit der Limettenschale sowie 3 EL Limettensaft verrühren und kalt stellen.

4 Aus den Kartoffeln nach Grundrezept 1 (Seite 10) Pommes frites zubereiten oder TK-Pommes nach Packungsanweisung im Backofen zubereiten. Die Pommes mit Salz würzen und mit dem Tomatenketchup und der Limetten-Mayonnaise servieren.

tipp

Das Tomatenketchup schmeckt gut durchgekühlt am besten. Kochend heiß in Gläser gefüllt hält es sich im Kühlschrank etwa 8 Wochen.

PETER POMMS PUSZTETTEN-STUBE

Seit 1958 gibt es bei Peter Pomm eine ganz besondere Variante der Currywurst: Curryletten heißen die fertig geschnittenen Stückchen, die in ihrer Sauce schwimmen und darauf warten, mit knusprigen Pommes verzehrt zu werden. Das Rezept ist patentiert, ebenso wie die zweite Pomm'sche Spezialität: Pusztetten-Fleischbällchen in einer pikanten Tomatensauce. Beide Köstlichkeiten sind so beliebt, dass viele Stammkunden auch im Urlaub nicht darauf verzichten wollen: Schon seit 1964 werden in dem Familienbetrieb die Curryletten und die Pusztetten eingedost und verkauft. Wer weggezogen ist, kann sich die Spezialitäten auch schicken lassen. Für Peter Pomm – der Pomm der zweiten Generation – ist das selbstverständlich: „Wir müssen das den Kunden nachschicken ... das hat sich so eingebürgert."

Annette Gillich

Peter Pomms Pusztetten-Stube
August-Bebel-Platz, Duisburg-Marxloh

BERGBAU-GRILL

Die launige Bemerkung „Gibt's hier denn Kohle?", hat Frau Nebelung schon häufiger gehört und nimmt es mit Humor. Seit 24 Jahren verkauft sie Pommes, Currywurst und andere Leckereien. Der „Bergbau-Grill" hat in Bochum Kultstatus und das Ambiente zog so manchen Prominenten an. Viel netter findet Frau Nebelung aber den Plausch mit Stamm- und Laufkunden. Die Geschäftsfrau steht fast jeden Tag selbst im Laden: „Was soll ich zu Hause? Da gibts doch nichts zu tun!" So brutzelt sie fröhlich Pommes und schneidet die Würste mit einer Bastelschere, die so alt ist wie die Imbissbude.

Annette Gillich

Bergbau-Grill
Herner Straße, Bochum

CURRY

Der Düsseldorfer speist gerne edel.
Und auch, wer einen schmalen Geld-
beutel hat, kann im „Curry" kulinarisch
Außergewöhnliches erleben: fantasti-
sche Pommes aus rohen Kartoffeln,
Bratwurst nach Roberts Rezept und
Saucen aller Art. Neben Ketchup und
Mayo gibt's Aioli, Senf-Honig-Mayo,
Preiselbeer-Meerrettich oder Saté-Erd-
nuss-Sauce. Bunt gemischt ist auch
das Publikum. Zur Rechten auf hohen
Hockern ein Grüppchen langbeiniger
Blondinen in Chanel-Kostümen, am
Tresen entdeckt man Jungmanager
und links am kleinen Vierertisch zwei
Studenten-Pärchen. Im Sommer hat
man von den Tischen und Bänken vor
der Tür einen herrlichen Blick auf die
Architektur-Innovationen des Düssel-
dorfer Medienhafens. Entsprechend edel
ist die Optik im „Curry": gelb gestrichene
Wände mit roten Ketchupflaschen als
Deko, helles Holz und Edelstahl. Von
Pommesbude keine Spur.

Marlein Auge

Curry
Hammerstraße, Düsseldorf-Unterbilk

PAPRIKAKETCHUP MIT CURRY

<mark>Für 4–6 Personen</mark>
<mark>Dauer: ca. 30 Min.</mark>
<mark>Kühlzeit: ca. 1 Std.</mark>

800 g rote Paprikaschoten
120 g rote Zwiebeln
1 Knoblauchzehe
2 EL Olivenöl
1–2 EL mildes Currypulver
40 g brauner Zucker
3–4 EL Rotweinessig
3 EL Tomatenmark
Salz

1 Den Backofengrill vorheizen. Die Paprikaschoten waschen, putzen, vierteln und entkernen.

2 Die Paprikaviertel mit der Hautseite nach oben auf ein Backblech legen und unter dem heißen Grill 6–8 Min. rösten, bis die Haut schwarz wird und Blasen wirft. Die Schoten sofort in einen Gefrierbeutel geben und darin etwa 10 Min. ruhen lassen.

3 Inzwischen Zwiebeln und Knoblauch schälen, die Zwiebeln sehr fein würfeln. Die Paprikaviertel häuten, grob zerschneiden und pürieren.

4 Das Olivenöl in einem kleinen Topf erhitzen. Die Zwiebeln zugeben und bei mittlerer Hitze unter Rühren glasig dünsten. Den Knoblauch dazupressen und kurz mitdünsten.

5 Die Zwiebeln mit Curry und Zucker bestäuben und den Essig zugeben. Tomatenmark und Paprikapüree zugeben. Alles erhitzen und unter Rühren bei kleiner Hitze etwa 5 Min. kochen lassen.

6 Das Paprikaketchup salzen und abkühlen lassen, dabei gelegentlich umrühren. Im Kühlschrank 1 Std. durchziehen lassen.

<mark>**tipp**</mark>
Am schnellsten kühlt das Paprikaketchup in einem kalten Wasserbad (Wasser mit Eiswürfeln) ab.

Saucen und Dips

SAUCE ANDALOUSE

Für 4–6 Personen
Dauer: ca. 20 Min.
Kühlzeit: ca. 30 Min.

1 Zwiebel
1 kleine grüne Chilischote
1 unbehandelte Zitrone
$^1\!/_2$ rote Paprikaschote (ca. 120 g)
200 g Salatmayonnaise (50 % Fett)
150 g Tomatenpüree mit Knoblauch
   (Tetrapack; Fertigprodukt)
Salz, Pfeffer

1 Die Zwiebel schälen und sehr fein würfeln. Die Chilischote waschen, längs halbieren, entkernen und fein würfeln.

2 Die Zitrone heiß abwaschen und trocknen. Die Hälfte der Schale abreiben und die Zitrone auspressen. Die Paprikahälfte waschen, putzen, entkernen und in etwa $^1\!/_2$ cm große Würfel schneiden.

3 Mayonnaise und Tomatenpüree verrühren. Zwiebel, Paprikawürfel, Chili und Zitronenschale unterheben. Die Sauce mit Zitronensaft, Salz und Pfeffer abschmecken und mindestens 30 Min. kalt stellen.

tipp

Wenn Ihnen die Mayonnaise einmal bei der Zubereitung gerinnen sollte, können Sie sie retten, indem Sie etwa 1 EL kochend heißes Wasser unter die Masse schlagen, bis sich alle Zutaten verbinden.

MAYONNAISE
SELBST GEMACHT

1 Eigelbe, Senf und 3 Prisen Salz in einen Rührbecher geben und mit den Quirlen des Handrührers in etwa 3 Min. schaumig rühren.

2 Weiterrühren und das Öl so lange tropfenweise zugeben, bis die Masse beginnt, mayonnaiseartig auszusehen. Dann das restliche Öl in dünnem Strahl zugeben und weiter auf höchster Stufe rühren, bis eine cremige Mayonnaise entstanden ist.

3 Die Mayonnaise mit Zitronensaft, Cayennepfeffer, 1 Spritzer Worcestershiresauce und Zucker würzen.

Für 4–6 Personen
Dauer: ca. 15 Min.

3 frische zimmerwarme Eigelb
  (Größe L)
1 EL scharfer Senf
Salz
250 ml Pflanzenöl
1–2 EL Zitronensaft
etwas Cayennepfeffer
etwas Worcestershiresauce
1 Prise Zucker

AÏOLI MIT SAFRAN

Für 4–6 Personen
Dauer: ca. 45 Min.

100 g Kartoffeln
Salz
3–4 Knoblauchzehen
8 Safranfäden
150 ml Pflanzenöl
50 ml Olivenöl
3 frische zimmerwarme Eigelb
   (Größe L)
1 kräftige Prise Cayennepfeffer
1 EL Zitronensaft

1 Die Kartoffeln ungeschält in Salzwasser aufkochen und bei kleiner Hitze in etwa 20 Min. gar kochen lassen. Inzwischen den Knoblauch schälen, den Safran in 3 EL kochendes Wasser geben.

2 Die Kartoffeln pellen und durch die Kartoffelpresse drücken oder mit einem Löffel durch ein Sieb streichen. Den Knoblauch zu den Kartoffeln pressen und untermengen. Beide Öle mischen.

3 Die Eigelbe in einen Rührbecher geben und mit den Quirlen des Handrührers in etwa 3 Min. schaumig rühren.

4 Weiterrühren und das Öl so lange tropfenweise zur Eigelb-Schaummasse geben, bis sie beginnt, mayonnaiseartig auszusehen. Dann das restliche Öl in dünnem Strahl zugeben und weiter auf höchster Stufe rühren, bis eine cremige Mayonnaise entstanden ist.

5 Den Safran mit der Einweichflüssigkeit und das Kartoffelmus portionsweise unterrühren. Die Aïoli mit Salz, Cayennepfeffer und Zitronensaft abschmecken.

tipp
Kaufen Sie Safran stets als Fäden und nicht als Pulver. Safranfäden speichern das Aroma, während Pulver den wertvollen Geschmack sehr schnell verliert.

REMOULADENSAUCE

Für 4–6 Personen

Für 4–6 Personen

Dauer: ca. 30 Min.

Kühlzeit: ca. 30 Min.

150 g Magermilchjoghurt

120 g kleine Kapern

je 1/2 Bund krause Petersilie und
    Kerbel

3 Stängel Estragon

60 g kleine Gewürzgurken
    (Cornichons)

1–2 TL Sardellenpaste (Kühlregal)

2 EL scharfer Senf

200 g Mayonnaise

Salz, Pfeffer

1 Prise Zucker

1 Ein feines Sieb mit Küchenkrepp auslegen und den Joghurt darin abtropfen lassen, bis die übrigen Zutaten vorbereitet sind.

2 Die Kapern in einem Sieb abspülen und abtropfen lassen. Petersilie, Kerbel und Estragon waschen, trocknen und die Blättchen hacken. Die Gurken trockentupfen und hacken.

3 Sardellenpaste, Senf und Mayonnaise verrühren. Den Joghurt untermischen. Erst Kräuter und Gurken sorgfältig unterrühren, dann die Kapern unterheben.

4 Die Remouladensauce mit Salz, Pfeffer und Zucker abschmecken und für etwa 30 Min. kalt stellen.

tipp

Sardellen sind Kleinheringe, die lange gesalzen werden und als Filet oder Paste im Supermarkt zu finden sind. Sie haben einen hohen Gehalt an Omega-3-Fettsäuren.

Ohne gehts nicht

variation

Veredeln Sie die Barbe-
cue-Sauce doch mal
mit Curry und Ingwer:
Dazu 10 g frischen Ing-
wer dünn schälen und
fein hacken. Mit je 1 TL
mildem Currypulver
und Senfpulver zu den
übrigen Zutaten geben
und mitkochen.

BBQ-SAUCE

1 Die Zwiebeln und den Knoblauch schälen, die Zwiebeln
fein würfeln. Zwiebeln, den braunen Zucker, 1 TL Salz,
Tomatenketchup, Weißweinessig und das Senfpulver
(oder Senf) in einem kleinen Topf verrühren. Den
Knoblauch dazupressen.

2 Alles unter Rühren vorsichtig erhitzen und bei kleiner
Hitze etwa 15 Min. leicht köcheln lassen, dabei immer
wieder umrühren. Die BBQ-Sauce mit Pfeffer und einigen Spritzern Worcestershiresauce würzig-pikant
abschmecken.

3 Die BBQ-Sauce am besten in einem kalten Wasserbad abkühlen lassen oder warm zu den Pommes
frites servieren.

Für 4–6 Personen
Dauer: ca. 25 Min.

150 g rote Zwiebeln
2 Knoblauchzehen
200 g brauner Zucker
Salz
80 g Tomatenketchup
3–4 EL Weißweinessig
2 TL Senfpulver
    (oder 2–3 EL scharfer Senf)
Pfeffer
etwas Worcestershiresauce

JOGHURTDIP
MIT MANGO

Für 4–6 Personen
Dauer: ca. 20 Min.

450 g reife Mango
1 Limette
30 g frischer Ingwer
1 EL Pflanzenöl
2 TL mildes Currypulver
150 g Vollmilchjoghurt
150 g Crème fraîche
1/2–1 Bund Schnittlauch

1 Die Mango schälen und das Fruchtfleisch in 1/2 cm dicken Scheiben vom Stein schneiden. Die Scheiben dann in ebenso kleine Würfel schneiden.

2 Die Limette heiß abwaschen und trocknen. Die Schale fein abreiben und die Limette auspressen. Die Mangowürfel mit 1 TL Limettenschale und 2 EL Limettensaft mischen. Den Ingwer dünn schälen, sehr fein hacken oder reiben und zur Mango geben.

3 Das Öl in einer kleinen Pfanne erhitzen und den Curry darin bei kleiner Hitze unter Rühren etwa 30 Sekunden anbraten. Die Pfanne vom Herd nehmen. Den Curry mit Joghurt und Crème fraîche verrühren. Die Mangowürfel unterheben und den Dip mit Salz und Pfeffer abschmecken.

4 Den Schnittlauch waschen, trocknen und in Röllchen schneiden. Den größten Teil unter den Joghurtdip heben, mit dem restlichen Schnittlauch den Dip garnieren und servieren.

variation

Dieser Joghurtdip schmeckt im Sommer auch sehr gut mit Aprikosen: 400 g Aprikosen waschen, trocknen und entsteinen. Das Fruchtfleisch in kleine Würfel schneiden und mit Limettenschale, -saft und Ingwer mischen.

QUARKDIP MIT RUCOLA

Für 4–6 Personen
Dauer: ca. 20 Min.
Kühlzeit: ca. 30 Min.

250 g Magerquark
4 EL Mineralwasser
Salz, Pfeffer
1/2 unbehandelte Zitrone
1 EL Honig
1 Knoblauchzehe
1 Bund Rucola
200 g Tomaten

1 Den Quark mit dem Mineralwasser glatt rühren, mit Salz und Pfeffer kräftig würzen. Die Zitrone heiß waschen, trocknen und die Schale dünn abreiben.

2 Die Zitrone auspressen. 2 EL Zitronensaft, die Zitronenschale und den Honig verrühren und unter den Quark mischen.

3 Den Knoblauch schälen und zum Quark pressen. Den Rucola verlesen, waschen, trocknen und hacken. Die Tomaten halbieren und entkernen. Das Fruchtfleisch in kleine Würfel schneiden und mit dem Rucola unter den Quark heben. Den Dip zugedeckt für etwa 30 Min. kalt stellen.

tipp

Rucola, auch Rauke genannt, hat einen leicht scharfen, senfähnlichen Geschmack. Man findet ihn abgepackt im Supermarkt oder auf Gemüsemärkten.

tipp
Ricotta ist ein Frisch-
käse aus Italien. Er
wird aus Molke (das
ist der flüssige Milch-
anteil, der bei der
Käseherstellung an-
fällt) gewonnen.

BLUE-CHEESE-DIP

1 Den Gorgonzola und 4 EL Milch in einem hohen
Gefäß fein pürieren. Den Ricotta unterrühren, den
Knoblauch schälen und dazupressen. Wenn der Dip
zu fest sein sollte, noch etwas Milch esslöffelweise
unterrühren.

2 Die grünen Pfefferkörner hacken und unter die Käse-
creme rühren, die Creme nach Geschmack noch
etwas salzen.

3 Den Schnittlauch waschen, trocknen, in feine Röllchen schneiden und diese vor dem Servieren unter
den Blue-Cheese-Dip rühren. Die Creme nach
Wunsch vorher noch kalt stellen.

Für 4–6 Personen
Dauer: ca. 20 Min.

150 g Gorgonzola
4–8 EL Milch
250 g Ricotta (oder Magerquark,
    abgetropft)
1 Knoblauchzehe
1 TL eingelegter grüner Pfeffer
Salz (nach Belieben)
1 Bund Schnittlauch

TOMATENPESTO

Für 4–6 Personen
Dauer: ca. 20 Min.
Kühlzeit: ca. 30 Min.

200 ml Weißwein
160 g getrocknete Tomaten
1 Knoblauchzehe
$^1\!/_2$–1 Bund Basilikum
60 g Cashewkerne
50 g ger. Parmesan
6 EL Olivenöl
Salz, Pfeffer

1 Den Wein aufkochen, die Tomaten in Öl zugeben, alles nochmals aufkochen und zugedeckt etwa 5 Min. bei kleiner Hitze kochen lassen.

2 Inzwischen den Knoblauch schälen und hacken. Das Basilikum waschen, trocknen und die Blättchen hacken. Die Tomaten in einem Sieb abtropfen lassen, den Weinsud dabei auffangen.

3 Tomaten, Knoblauch, Cashewkerne und Parmesan im Mixer zu einer homogenen Masse zerkleinern, dabei nach Bedarf esslöffelweise etwas Tomaten-Wein-Sud zugeben. Zuletzt das Olivenöl unterarbeiten.

4 Das Pesto mit Salz und Pfeffer abschmecken. Das Basilikum unterheben und das Pesto zugedeckt etwa 30 Min. durchziehen lassen.

tipp
Fest verschlossen hält sich das Tomatenpesto im Kühlschrank etwa 4 Tage. Es schmeckt übrigens auch prima zu Spaghetti. Hierfür das Pesto mit etwas heißem Nudelwasser verrühren und sofort mit den Nudeln mischen.

tipp

Steinpilze sind sehr aromatisch, besonders die getrockneten. Zerstoßen ergeben sie ein wunderbares Gewürz.

STEINPILZDIP MIT KRÄUTERN

Für 4–6 Personen
Dauer: ca. 30 Min.
Einweichzeit: ca. 30 Min.

50 g getrocknete Steinpilze
80 g Manchego (spanischer Hartkäse
    aus Schafsmilch) oder Pecorino
1 Bund glatte Petersilie
4 Zweige frischer Thymian
2 eingelegte Sardellenfilets
1 Knoblauchzehe
100 ml Pflanzenöl
50 ml Olivenöl
Salz (nach Belieben)

1 Die Steinpilze mit 400 ml warmem Wasser übergießen und etwa 30 Min. einweichen lassen. Die Pilze dann gut ausdrücken, die Flüssigkeit dabei auffangen.

2 Die Pilze grob hacken, die Steinpilzflüssigkeit durch eine Filtertüte gießen und auffangen. Den Käse fein reiben.

3 Petersilie und Thymian waschen, trocknen und die Blättchen abzupfen. Die Petersilienblättchen hacken, die Thymianblättchen beiseite legen.

4 Steinpilze, Sardellenfilets und 150 ml Steinpilzflüssigkeit vermengen, den Knoblauch schälen und dazupressen und alles fein pürieren. Pflanzenöl, Petersilie, Thymian und Käse zugeben und weiterpürieren, bis eine homogene Creme entstanden ist.

5 Zuletzt das Olivenöl unterarbeiten, den Steinpilzdip nach Bedarf noch mit etwas Salz abschmecken und servieren.

EIERDIP MIT BRUNNENKRESSE

1 Die Eier in etwa 8 Min. hart kochen. Inzwischen die Gurken fein würfeln, die Zwiebeln schälen und in feine Würfel schneiden, die Kapern hacken.

2 Die Eier in kaltem Wasser abkühlen lassen. Mayonnaise, Joghurt und Meerrettich glatt rühren. Gurken, Zwiebeln und Kapern unterheben.

3 Die Brunnenkresse verlesen, waschen und trocknen. Dicke Stiele entfernen, die Kresse grob hacken und unter den Mayonnaise-Joghurt rühren.

4 Die Eier pellen, fein hacken und zum Mayonnaise-Joghurt geben. Den Dip mit Salz und Pfeffer würzen.

Für 4–6 Personen

Dauer: ca. 30 Min.

3 Eier
200 g Gewürzgurken
120 g Zwiebeln
2 EL Kapern
80 g Salatmayonnaise (50 % Fett)
200 g Magermilchjoghurt
3–4 TL ger. Meerrettich (Fertigprodukt)
1 Bund Brunnenkresse (ca. 200 g)
Salz, Pfeffer

ASIATISCHE ERDNUSSSAUCE

Für 4–6 Personen
Dauer: ca. 25 Min.

100 g Erdnüsse, geröstet und
   gesalzen
1 Zwiebel
2 Knoblauchzehen
15 g frischer Ingwer
1 Stängel Zitronengras (Asienladen)
1 kleine grüne Chilischote
1 TL Kreuzkümmelsamen (Cumin)
1 TL Korianderkörner
3 EL Pflanzenöl
1 Dose ungesüßte Kokosmilch
   (400 ml)
1–2 EL Fischsauce
ewas Zucker
Salz (nach Belieben)

1 Die Erdnüsse mit einem großen Messer klein hacken. Zwiebel und Knoblauch schälen, die Zwiebel fein würfeln, den Knoblauch hacken. Den Ingwer dünn schälen und fein hacken.

2 Das Zitronengras waschen und in feine Ringe schneiden. Die Chilischote waschen, längs halbieren, entkernen und würfeln.

3 Kreuzkümmel und Koriander in einer Pfanne ohne Fett unter Rühren rösten, bis die Gewürze duften. Herausnehmen und im Mörser zerstoßen.

4 Das Öl in der Pfanne erhitzen. Zwiebel, Knoblauch, Ingwer, Zitronengras und Chili zugeben. Alles bei mittlerer Hitze unter Rühren etwa 3 Min. dünsten.

5 Erdnüsse, zerstoßene Gewürze und die Kokosmilch in die Pfanne geben und das Ganze unter Rühren noch etwa 5 Min. leicht kochen lassen.

6 Die Sauce im Mixer oder mit dem Schneidstab des Handrührgeräts fein pürieren. Die Sauce durch ein feines Sieb in einen Topf streichen, erhitzen und mit Fischsauce, Zucker und nach Bedarf etwas Salz abschmecken. Lauwarm servieren.

SÜSSSCHARFE GURKENSAUCE

Für 4–6 Personen

Dauer: ca. 30 Min.

Kühlzeit: ca. 1 Std.

100 g Möhren

1 kleine Salatgurke (ca. 300 g)

20 g frischer Ingwer

1–2 kleine rote Chilischoten

1/2–1 Bund Koriandergrün
   (oder glatte Petersilie)

80 g brauner Zucker

1 TL Speisestärke

200 ml Reisessig (oder
   Weißweinessig)

Salz

1 Die Möhren putzen und schälen. Jede Möhre erst längs in dünne Scheiben, dann diese längs in ebenso dünne Streifen, diese dann quer in kleine Würfel schneiden.

2 Die Gurke waschen, streifig schälen und grob zerschneiden. Den Ingwer dünn schälen. Gurken und Ingwer im Mixer pürieren.

3 Die Chilischote(n) waschen, längs halbieren und mit den Kernen hacken. Chilis und Möhren zu den Gurken geben. Das Koriandergrün waschen, trocknen, mit den zarten Stielen hacken und zu den Gurken geben.

4 Zucker, 5 EL Wasser und Essig in einem Topf mischen und unter Rühren erhitzen, bis sich der Zucker aufgelöst hat. Stärke in 2 EL Wasser auflösen, einrühren und die Mischung offen etwa 3 Min. bei kleiner Hitze kochen lassen. Das Gurkenpüree unter diesen Sud mischen. Die Sauce mit Salz würzen und zugedeckt mindestens 1 Std. kalt stellen.

+ Ohne gehts nicht +

variation
Tofu bekommen Sie im Asienladen, Reformhaus oder Naturkostladen. Probieren Sie diesen Dip einmal mit Räuchertofu.

TOFUDIP MIT MANGOCHUTNEY

1 Die Frühlingszwiebeln putzen, waschen, das zarte Grün in feine Ringe schneiden und zugedeckt beiseite stellen. Den weißen Teil der Zwiebeln würfeln.

2 Die Zitrone heiß abwaschen und trocknen, etwa die Hälfte der Schale abreiben und die Zitrone auspressen. Den Tofu trockentupfen und würfeln.

3 Tofu, Öl, Zwiebelwürfel, Zitronenschale und 3 EL Zitronensaft mit 100–125 ml kaltem Wasser zu einer feinen Creme pürieren.

4 Das Mangochutney unter die Tofucreme rühren und den Dip mit Salz und Pfeffer würzen. Vor dem Servieren die Frühlingszwiebelringe unterheben.

Für 4–6 Personen
Dauer: ca. 20 Min.

1 Bund Frühlingszwiebeln
1 unbehandelte Zitrone
200 g Tofu
3 EL Pflanzenöl
75 g Mangochutney (Fertigprodukt)
Salz, Pfeffer

MEXIKANISCHE TOMATENSALSA

Für 4–6 Personen
Dauer: ca. 30 Min.
Marinierzeit: ca. 30 Min.

400 g Tomaten
1 unbehandelte Limette
1 Bund schlanke Frühlingszwiebeln
1 kleine grüne Chilischote
2 Knoblauchzehen
Salz, Pfeffer
2 EL Pflanzenöl
$1/2$–1 Bund glatte Petersilie

1 Die Tomaten waschen, quer halbieren und entkernen. Kerne und Saft dabei auffangen, durch ein Sieb streichen und beiseite stellen. Die Tomaten in $1/2$ cm große Würfel schneiden und auf Küchenkrepp abtropfen lassen.

2 Limette heiß abwaschen und trocknen. Die Schale dünn abreiben und die Limette auspressen. Die Frühlingszwiebeln putzen, waschen und mit dem hellen Grün in feine Ringe schneiden. Die Chilischote waschen, längs halbieren, entkernen und fein würfeln. Den Knoblauch schälen.

3 Tomatenwürfel, Limettenschale, Chili und Frühlingszwiebeln mischen, den Knoblauch dazupressen. Den aufgefangenen Tomatensaft und 3 EL Limettensaft mit etwas Salz und Pfeffer verrühren. Das Öl unterschlagen und die Sauce zur Tomatensalsa geben.

4 Die Petersilienblättchen hacken und unterrühren. Die Salsa etwa 30 Min. marinieren lassen und vor dem Servieren eventuell nachwürzen.

tipp

Lecker schmeckt die Salsa auch mit Koriandergrün. Koriander ist in der mexikanischen Küche ein beliebtes Würzkraut, das mit seinem säuerlich-schafen Aroma toll zu dieser Tomatensalsa passt.

Ohne gehts nicht

TOMATENDIP
MIT KORIANDER

Für 4–6 Personen

Dauer: ca. 15 Min.

250 g Tomaten
1 unbehandelte Limette
300 g saure Sahne
1/2–1 Bund Koriandergrün
Salz, Pfeffer

1 Die Tomaten mit kochendem Wasser überbrühen, kurz ziehen lassen und kalt abschrecken. Tomaten enthäuten, halbieren und entkernen, dabei den Stielansatz herausschneiden. Das Fruchtfleisch fein würfeln und auf Küchenkrepp abtropfen lassen.

2 Die Limette heiß abwaschen und trocknen. Die Schale dünn abreiben und die Limette auspressen. Saure Sahne, Limettenschale und 2–3 EL Limettensaft in einer Schüssel verrühren.

3 Das Koriandergrün waschen, trocknen und mit den zarten Stielen hacken. Koriander und Tomaten unter die saure Sahne rühren. Den Dip mit Salz und Pfeffer würzen und servieren.

+ Ohne gehts nicht +

tipp

Wasabi gibts im Asienladen als Paste oder Pulver, das mit Wasser angerührt werden muss. Ersatz: geriebener Meerrettich aus dem Glas.

COCKTAILSAUCE MIT WASABI

Für 4–6 Personen
Dauer: ca. 15 Min.

1 Die Orange heiß abwaschen und trocknen. Etwa die Hälfte der Schale abreiben und die Orange auspressen. 5 EL Saft und die Orangenschale mit Crème fraîche und saurer Sahne verrühren. Wasabipaste und Senf unterrühren.

2 Das Tomatenketchup untermischen und die Sauce mit Salz und Pfeffer würzen. Das Öl mit dem Pürierstab untermixen. Die Kresse abschneiden und unter die Cocktailsauce heben.

3 Die Kresse mit einer Schere vom Beet schneiden, in einem Sieb abspülen und auf Küchenkrepp trocknen. Die Kresseblättchen unter die Cocktailsauce heben. Sofort servieren.

1 unbehandelte Orange
150 g Crème fraîche
150 g saure Sahne
$1/2$–1 TL Wasabipaste (japanischer grüner Meerrettich; Asienladen)
1 TL scharfer Senf
8 EL Tomatenketchup
Salz, Pfeffer
4 EL Pflanzenöl
1 Kästchen Gartenkresse

AVOCADODIP MIT ERBSEN

Für 4–6 Personen
Dauer: ca. 30 Min.

300 g TK-Erbsen
Salz
1 unbehandelte Limette
1 große reife Avocado
150 g Magermilchjoghurt
1 Zwiebel
1 Knoblauchzehe
150 g Cocktailtomaten
etwas Tabasco
Pfeffer
1 Prise Zucker

1 Die gefrorenen Erbsen in kochendes Salzwasser geben und darin 1 Min. kochen lassen. Abgießen, kalt abschrecken und erst in einem Sieb, dann auf Küchenkrepp abtropfen lassen.

2 Inzwischen die Limette heiß abwaschen und trocknen. Die Schale dünn abreiben und die Limette anschließend auspressen.

3 Die Avocado halbieren und den Kern entfernen. Das Fruchtfleisch mit einem Löffel aus der Schale heben und in ein hohes Gefäß geben. Die Avocado mit der Hälfte der Erbsen, dem Joghurt, 3 EL Limettensaft und der Limettenschale pürieren.

4 Zwiebel und Knoblauch schälen und die Zwiebel fein würfeln. Die Tomaten waschen, trocknen, halbieren und entkernen. Das Tomatenfruchtfleisch in schmale Spalten schneiden und mit der Zwiebel unter die Avocadocreme heben. Den Knoblauch dazupressen.

5 Den Avocadodip nochmals gut durchrühren und mit einigen Spritzern Tabasco, Salz, Pfeffer und Zucker abschmecken. Die restlichen Erbsen unterheben und den Dip servieren.

ZIEGENKÄSEDIP MIT OLIVEN

Für 4–6 Personen
Dauer: ca. 25 Min.
Kühlzeit: ca. 30 Min.

200 g Ziegenfrischkäse
   (z.B. Picandou)
150 g saure Sahne
4–6 EL Milch
2 EL Olivenöl
$^1/_2$ Knoblauchzehe
4 Zweige frischer Thymian
1 TL flüssiger Honig
Salz
schwarzer Pfeffer, grob geschrotet
60 g schwarze Oliven

1 Den Ziegenfrischkäse mit saurer Sahne und Milch glatt rühren. Das Olivenöl untermischen. Den Knoblauch schälen und dazupressen.

2 Den Thymian waschen und trocknen. Die Blättchen abzupfen und mit dem Honig unter den Frischkäse rühren; mit Salz und Pfeffer würzen.

3 Das Olivenfleisch – falls erforderlich – vom Stein schneiden und hacken. Die Olivenstückchen unter den Frischkäsedip rühren und den Dip etwa 30 Min. zugedeckt kühl stellen. Dazu passen Pommes aus ungeschälten Kartoffeln.

variation

Ersetzen Sie doch einmal den Honig durch den milden Agavendicksaft (aus dem Reformhaus oder Naturkostladen). Seine sanfte Süße passt bestens zum Ziegenkäse.

tipp
Noch exquisiter
schmeckt der Dip,
wenn Sie statt gemah-
lenem Kreuzkümmel
ganze Samen verwen-
den. Diese in einer
Pfanne ohne Fett unter
Rühren rösten, bis sie
duften und dann im
Mörser fein zerkleinern.

ARABISCHER SESAMDIP

1 Die Kichererbsen in ein Sieb geben und abtropfen lassen, die Flüssigkeit dabei auffangen. Den Knoblauch
schälen.

2 Die Kichererbsen mit 5 EL Kichererbsen-Flüssigkeit
und dem Knoblauch pürieren. Kreuzkümmel, Olivenöl, Tahin und Zitronensaft mit den Quirlen des Handrührers unterrühren, bis eine feine Creme entstanden
ist; eventuell noch weitere Kichererbsen-Flüssigkeit
zugeben.

3 Den Kichererbsen-Sesam-Dip mit Salz würzen. Die
Petersilie waschen und trocknen. Die Blättchen abzupfen, hacken und unter den Sesamdip heben.

4 Den Dip mindestens 30 Min. kalt stellen und mit Zitronenspalten garniert servieren.

Für 4–6 Personen
Dauer: ca. 15 Min.
Kühlzeit: ca. 30 Min.

1 Dose gegarte Kichererbsen
    (240 g netto)
2–3 Knoblauchzehen
$1/2$–1 TL gem. Kreuzkümmel
    (Cumin)
2 EL Olivenöl
100 g Tahin (Sesampaste; türkisches
    Lebensmittelgeschäft oder Bioladen)
3 EL Zitronensaft
Salz
$1/2$–1 Bund glatte Petersilie
Zitronenspalten zum Servieren

TOMATEN-MANDEL-DIP MIT BASILIKUM

Für 4–6 Personen
Dauer: ca. 45 Min.
Kühlzeit: ca. 30 Min.

50 g Mandeln (ungeschält)
1 reife Fleischtomate (ca. 300 g)
1 kleine rote Chilischote
4–6 Knoblauchzehen
50 g Mimolette (französischer
   Hartkäse) oder alter Gouda
3–4 Bund Basilikum
   (ca. 50 g abgezupfte Blätter)
100 ml Olivenöl
Salz
1 Prise Zucker

1 Die Mandeln mit kochendem Wasser überbrühen und zugedeckt etwa 30 Min. ziehen lassen. Inzwischen die Tomate mit kochendem Wasser überbrühen, kurz ziehen lassen und kalt abschrecken. Die Tomate enthäuten, entkernen und dabei den Stielansatz entfernen. Das Fruchtfleisch würfeln und auf Küchenkrepp abtropfen lassen.

2 Die Chilischote waschen, längs halbieren, entkernen und würfeln. Den Knoblauch schälen und hacken. Den Käse würfeln. Das Basilikum waschen, trocknen und die Blättchen abzupfen. Die Mandeln kalt abschrecken und enthäuten.

3 50 ml Olivenöl, $1/2$ TL Salz, Mandeln, Chili, Knoblauch, Käse und Basilikum in den Mixer geben und pürieren. Erst jetzt Tomaten und das restliche Olivenöl zugeben. Alles aufmixen, bis die Sauce eine dickliche Konsistenz hat, mit Salz und Zucker abschmecken und die Sauce im Kühlschrank zugedeckt etwa 30 Min. durchziehen lassen.

tipp
Viel einfacher und schneller gehts, wenn Sie statt der ganzen Mandeln gemahlene verwenden. Diese wie beschrieben mit den übrigen Zutaten in den Mixer geben.

IMBISS BEI HANS

„Moin, moin", schallt es uns entgegen, als wir an den Landungsbrücken beim „Imbiß bei Hans" zwischen echten Seebären und wettergegerbten Hafenarbeitern „Pommes komplett" für 3,50 DM essen wollen. Dass der Ton dort etwas rauer als anderswo ist, akzeptiert man sofort. Wo kann man sonst seine Fritten beim heiteren Plausch mit Hamburger Urgesteinen verzehren? Und die Stimmung bei Hans ist einfach immer gut. Zusätzlich ausgerüstet mit zwei Flaschen Astra-Bier genießen wir die typisch Hamburger Kulisse: Vor uns die Elbe, Touristen, die sich in die Barkassen für eine Hafenrundfahrt drängeln und im Hintergrund schwere Containerschiffe.

Jessika Thurn

Imbiß bei Hans
St.-Pauli-Landungsbrücke, Hamburg

POMMES FOR PRESIDENT

Von der etwas nüchternen Umgebung darf man sich nicht abschrecken lassen. Nur Mut, denn im Bahnhof Altona gibt es ein kleines Pommesmekka. „Pommes for President" heißt der Pommesstand mit zweierlei wunderbar Frittiertem: Goldgelb und dick die Pommes, heiß und würzig die Kartoffelecken. Dazu Ketchup, Barbecue, Dip'onnaise, Sour Cream, Knoblauch, Hot'n Spice, Asia oder einfach frische Zwiebeln und das Schlemmen an den silbernen Stehtischen kann beginnen.

Jessika Thurn

Pommes for President
Im Bahnhof Altona, Hamburg

ZUM SCHORSCH

Es gibt so Tage, da müssen es unbedingt Pommes sein. Aber was tun, wenn die Stadt noch neu und unerkundet ist? Da gibts einen ganz einfachen Trick: immer dem Staub und Benzingeruch hinterher! Trucker und Fernfahrer sind die besten Imbissbudenkenner. Die Raststätte mit den meisten LKWs hat garantiert auch die beste Küche. Genauso ist es in Mainz. Fast fährt man dran vorbei. Die Imbissbude „Zum Schorsch" liegt ein bisschen versteckt hinter Bäumen im Mainzer Industriegebiet direkt am Rheinufer. Hier kann man sich für nur DM 2,50 den Wams mit köstlichen, goldgelben Pommes voll schlagen. Im Sommer ists auch hinterm Haus schön. Da kann man bei Pommes und Cola wunderbar den dicken Kähnen auf dem Rhein hinterher schauen.

Gisela Pohlkemper

Zum Schorsch
Am Zoll-Binnenhafen, Mainz

BRUNNENWIRT

Ein Student braucht nicht nur geistige Nahrung, auch für sein leibliches Wohl sollte er Sorge tragen. Um dem alltäglichen Mensaeinerlei zu entgehen, begebe er sich deshalb schnurstracks zum „Brunnenwirt". Der Imbiss im Stuttgarter Rotlichtviertel ist repräsentativen Umfragen auf dem Campus zufolge die beste Pommesbude Stuttgarts. Hier kommt einfach jeder vorbei, „vom Obdachlosen bis zum Millionär", meint denn auch der nette, kaum tätowierte und gepiercte Verkäufer. Die delikaten Kartoffelstäbchen gibt es in großen Portionen zu äußerst moderaten Preisen mit Ketchup, Mayo oder Schaschliksauce. Auf diese Weise gesättigt, reichts ohne Probleme noch für ein Bier im nahen Jazzclub „Roger's Kiste".

Tobias Ewert

Imbiss zum Brunnenwirt
Leonhardsplatz, Stuttgart

CURRYWURST MIT POMMES

Für 4 Personen
Dauer: ca. 1 Std.

1 kg vorwiegend fest kochende
   Kartoffeln, Pflanzenöl und
   Salz für Pommes frites nach
   Grundrezept 1, Seite 10 (oder
   750 g TK-Pommes-frites)
200 g Tomatenketchup
1–2 EL mildes Currypulver
3 EL Tomatenmark
1–2 EL Zucker
etwas Cayennepfeffer
4 feine Bratwürste
2 EL Pflanzenöl
etwas edelsüßes Paprikapulver

1 Aus den Kartoffeln nach Grundrezept 1 (Seite 10) Pommes frites vorbereiten oder TK-Pommes nach Packungsanweisung im Backofen zubereiten.

2 Inzwischen für die Currysauce Ketchup, Curry, Tomaten-mark, Zucker und 125 ml Wasser aufkochen und mit Cayennepfeffer abschmecken. Die Sauce bei kleiner Hitze warm halten.

3 Wenn Sie frische Pommes frites zubereiten, diese jetzt in 2 Portionen frittieren. Die Bratwürste in einer Pfanne in 2 EL heißem Öl etwa 8 Min. rundum braten.

4 Die Pommes frites auf ein mit Küchenkrepp ausge-legtes Backblech legen und im heißen Backofen bei 100 °C (Umluft nicht empfehlenswert, Gas Stufe 1) nur so lange warm halten, bis die übrigen Pommes frittiert sind.

5 Die Würste auf 4 Teller geben, in dicke Scheiben schneiden, die Currysauce darüber geben und mit Curry bestreuen. Die Pommes mit Salz und Paprika-pulver würzen und dazu servieren.

JÄGERSCHNITZEL

Für 4 Personen
Dauer: ca. 1¹/₄ Std.

10 g getrocknete Morcheln
50 g durchwachsener Speck
400 g Champignons
100 g Schalotten
4 Schweineschnitzel à ca. 150 g
1 kg vorwiegend fest kochende
    Kartoffeln, Pflanzenöl und
    Salz für Pommes frites nach
    Grundrezept 1, Seite 10 (oder
    750 g TK-Pommes-frites)
Salz, Pfeffer
3 EL Butterschmalz
1 EL Mehl
¹/₂ Bund glatte Petersilie

1 Die Morcheln in 400 ml kochendes Wasser geben und etwa 30 Min. einweichen lassen. Inzwischen den Speck würfeln. Die Champignons mit Küchenkrepp säubern, putzen und in Scheiben schneiden. Die Schalotten schälen und fein würfeln. Die Schnitzel nacheinander in einen Gefrierbeutel geben und flach klopfen.

2 Aus den Kartoffeln nach Grundrezept 1 (Seite 10) Pommes frites vorbereiten, frittieren und im Backofen warm halten. Oder TK-Pommes nach Packungsanweisung im Backofen zubereiten.

3 Die Morcheln leicht ausdrücken, das Wasser dabei auffangen. Alles Morchelwasser durch eine Filtertüte gießen. Die Morcheln klein schneiden. Die Schnitzel auf beiden Seiten mit Salz und Pfeffer würzen.

4 Das Butterschmalz in einer großen Pfanne nicht zu stark erhitzen. Die Schnitzel darin auf jeder Seite 1–2 Min. goldbraun braten, herausnehmen und warm stellen. Die Champignons ins Bratfett geben und etwa 3 Min. unter Rühren braten. Speck, Schalotten und Morcheln zugeben und weitere 3 Min. braten. Alles mit Mehl bestäuben, das Morchelwasser zugießen und aufkochen. Die Schnitzel zugeben und alles bei mittlerer Hitze etwa 5 Min. offen schmoren.

5 Inzwischen die Petersilie waschen, trocknen und die Blättchen hacken. Die Pilzsauce mit Salz und Pfeffer würzen. Die Petersilie einrühren und das Gericht mit den Pommes frites servieren.

CHICKENWINGS MIT KNOBLAUCH-POMMES

Für 4 Personen
Dauer: ca. 30 Min.
Backzeit: ca. 40 Min.

Für die Grillsauce

2 getrocknete rote Chilischoten
   (oder Cayennepfeffer)
150 g Zwiebeln
3 Knoblauchzehen
2 EL Pflanzenöl
300 g Tomatenketchup
100 g Honig
200 ml Orangensaft
4 EL Worcestershiresauce
Salz, Pfeffer

Für die Chickenwings

1,8 kg Hähnchenflügel
etwas Fett für die Folie

Für die Pommes

1 kg vorwiegend fest kochende
   Kartoffeln und Pflanzenöl für
   Pommes frites nach Grundrezept 1, Seite 10 (oder
   750 g TK-Pommes-frites)
1 Bund glatte Petersilie
2 Knoblauchzehen
30 g grobes Meersalz

1 Die Chilischoten im Mörser fein zerstoßen oder im Mixer mahlen. Zwiebeln und Knoblauch schälen. Die Zwiebeln fein würfeln, den Knoblauch durchpressen. Zwiebeln und Knoblauch im heißen Öl bei mittlerer Hitze glasig dünsten. Chilis, Ketchup, Honig, Orangensaft und Worcestershiresauce zugeben. Alles aufkochen und offen bei kleiner Hitze etwa 10 Min. kochen lassen. Mit Salz, Pfeffer und – falls keine Chilis verwendet werden – mit Cayennepfeffer würzen.

2 Inzwischen den Backofen auf 220 °C (Umluft nicht empfehlenswert, Gas Stufe 4) vorheizen. Die Hähnchenflügel kalt abspülen, trockentupfen, die Haut im Gelenk einschneiden und die Flügel in 2 Teile brechen. Ein Backblech mit Alufolie auslegen und dieses fetten. Die Flügel nebeneinander darauf legen und auf der zweiten Schiene von unten etwa 10 Min. braten.

3 Aus den Kartoffeln nach Grundrezept 1 (Seite 10) Pommes frites vorbereiten oder TK-Pommes auf einem weiteren Blech im Backofen eine Schiene über den Hähnchenflügeln backen.

4 Die Hähnchenflügel mit der Grillsauce bestreichen und weitere 15–25 Min. braten; im 5-Minuten-Takt wenden und mit Sauce bestreichen. Beide Bleche während dieser Zeit öfter in den Schienen tauschen.

5 Die frischen Pommes frittieren. Petersilie waschen, trocknen, hacken. Knoblauch schälen, mit dem Meersalz zerdrücken und mit den Pommes mischen. Die Petersilie über die Flügel streuen, diese mit der restlichen Grillsauce und den Pommes frites servieren.

FISH 'N' CHIPS

Für 4 Personen
Dauer: ca. 1 Std.

2 Eier
125 ml dunkles Bier
200 g Mehl
800 g Fischfilet ohne Haut
   (z. B. Rotbarsch oder Kabeljau)
Salz
5 TL mittelscharfer Senf
2 EL Zitronensaft
etwas Worcestershiresauce
900 g mehlig kochende Kartoffeln
   (oder 750 g TK-Pommes-frites)
etwas Mehl zum Bestäuben
Pflanzenöl zum Frittieren
etwas Malzessig zum Servieren
   (im gut sortierten Supermarkt)

1 Die Eier trennen. Eigelbe und Bier in einer großen Schüssel verrühren, das Mehl zugeben und alles sorgfältig untermischen. Den Teig zugedeckt beiseite stellen und quellen lassen.

2 Den Fisch kalt abspülen, trockentupfen und bei Bedarf entgräten. Die Filets quer in etwa 4 cm breite Stücke schneiden und salzen. Senf, Zitronensaft und einige kräftige Spritzer Worcestershiresauce verrühren. Die Fischstücke damit bestreichen.

3 Die Kartoffeln schälen und in etwa 2 cm dicke Streifen schneiden. Daraus nach Grundrezept 1 (Seite 10) Pommes frites zubereiten und im Backofen warm halten. Oder TK-Pommes nach Packungsanweisung im Backofen zubereiten und für den Fisch das Frittieröl in einem hohen Topf (oder in einer Fritteuse) bei starker Hitze auf 180 °C erhitzen.

4 Inzwischen das Eiweiß mit einer kräftigen Prise Salz steif schlagen und unter den Teig heben. Die Fischstücke dünn mit Mehl bestäuben und durch den Ausbackteig ziehen; portionsweise im heißen Öl in 4–5 Min. goldgelb frittieren.

5 Den frittierten Fisch mit den Pommes servieren; dazu separat Malzessig zum Würzen reichen. Ersatzweise kann es auch Zitronensaft sein.

GEFÜLLTE BAGUETTES „MITRAILLETTE"

Für 4 Personen
Dauer: ca. 30 Min.
Backzeit: ca. 25 Min.

2 Baguettes zum Fertigbacken
(Fertigprodukt, ca. 300 g)
40 g Röstzwiebelbutter (Kühlregal)
600 g TK-Pommes-frites
2 Hähnchenbrustfilets, ausgelöst
und ohne Haut (à ca. 200 g)
Salz, Pfeffer
2 EL Pflanzenöl
3–4 EL süß-scharfe Chilisauce
„for chicken" (Asienladen)
$1/4$ Kopf Römersalat
150 g Möhren
1 kleine Tube Remoulade mit
Kräutern (100 g)
8 eingelegte milde Peperoni
(nach Belieben)

1 Die Baguettes einmal quer und einmal der Länge nach halbieren, sodass vier Stücke entstehen. Die Schnittflächen dünn mit Röstzwiebelbutter bestreichen. Die Baguettehälften wieder zusammensetzen und zunächst beiseite legen.

2 Die TK-Pommes nach Packungsanweisung im Backofen auf der mittleren Schiene zubereiten. Inzwischen die Hähnchenbrustfilets kalt abspülen, trockentupfen und längs in je vier etwa gleich große Stücke schneiden. Die Hähnchenstreifen mit Salz und Pfeffer würzen und in einer Pfanne im heißen Öl bei mittlerer Hitze rundherum goldgelb anbraten. Die Hähnchenstreifen rundherum mit Chilisauce bestreichen und fest in Alufolie wickeln.

3 Etwa 10 Min. vor Ende der Garzeit der Pommes das Blech in die oberste Schiene schieben. Die Baguettehälften und das Hähnchenfleisch in der Alufolie auf den Backofenrost legen, zwei Schienen unter den Pommes einschieben und Pommes sowie Fleisch zu Ende garen.

4 Inzwischen vom Salat die äußeren Blätter entfernen. Die übrigen Salatblätter waschen und in etwa $1/2$ cm breite Streifen schneiden. Die Möhren putzen, schälen und raspeln.

5 Die Baguettehälften aufklappen. Die unteren Hälften mit Römersalat, Möhrenraspeln, je zwei Hähnchenstreifen und nach Belieben Peperoni belegen. Pommes frites und Remoulade darüber verteilen, mit der oberen Brothälfte bedecken. Sofort mit den restlichen Pommes servieren.

+ Pommes-Klassiker

MIESMUSCHELN MIT TOMATEN

Für 4 Personen
Dauer: ca. 45 Min.

Für 4 Personen
Dauer: ca. 45 Min.

250 g Tomaten
1 rote Paprikaschote
1 Bund Frühlingszwiebeln
2 Knoblauchzehen
3 kg Miesmuscheln, geputzt
750 g TK-Pommes-frites
2 EL Olivenöl
1 TL grob geschroteter schwarzer
    Pfeffer
2 TL Kräuter der Provence
1 TL Fenchelsamen
2 Lorbeerblätter
200 ml Weißwein
1 Bund glatte Petersilie
Salz

1 Die Tomaten überbrühen, enthäuten und fein würfeln. Die Paprika waschen, putzen, entkernen und in etwa $1/2$ cm kleine Würfel schneiden. Frühlingszwiebeln putzen, waschen und in etwa 1 cm dicke Ringe schneiden. Den Knoblauch schälen und hacken. Alles zugedeckt beiseite stellen.

2 Die Muscheln unter fließendem kaltem Wasser gründlich waschen; offene wegwerfen. Die TK-Pommes nach Packungsanweisung im Backofen zubereiten.

3 Inzwischen $1/4$ l Wasser in einem großen Topf aufkochen und die Muscheln darin zugedeckt etwa 3 Min. bei großer Hitze kochen. Die Muscheln sollen sich leicht geöffnet haben. Muscheln in ein Sieb abgießen, von dem Sud 125 ml auffangen. Geschlossene Muscheln wegwerfen.

4 Das Olivenöl erhitzen. Frühlingszwiebeln und Knoblauch darin bei mittlerer Hitze unter Rühren andünsten. Tomaten und die Würzzutaten zugeben; alles etwa 3 Min. unter Rühren dünsten. Muscheln, Muschelsud und Wein zugeben, zugedeckt aufkochen und etwa 10 Min. garen, dabei öfter durchmischen.

5 Die Petersilie waschen, trocknen, grob hacken und sorgfältig unter die Muscheln mischen. Die Pommes salzen und mit den Muscheln servieren.

tipp
Ein beliebtes Gericht aus Belgien! Hier isst man es ohne Besteck, einfach mithilfe einer Muschelschale.

POMMES-PIZZA

Für 1 Pizza
Dauer: ca. 45 Min.
Backzeit: ca. 20 Min.

250 g Mehl
1/2 Päckchen Trockenhefe
Salz
1/2 TL Zucker
6 EL Olivenöl
300 g TK-Pommes-frites
4 Zweige frischer Oregano
   (oder 1 TL getrockneter)
6 Zweige frischer Thymian
   (oder 1/2 TL getrockneter)
1 Zwiebel
1 Knoblauchzehe
200 g gemischtes Hackfleisch
1 Dose Pizzatomaten
   (Füllmenge 400 g)
Pfeffer
etwas edelsüßes Paprikapulver
125 g Mozzarella
etwas Mehl für die Arbeitsfläche
3 EL ger. Parmesan

1 Mehl, Hefe, 1/2 TL Salz und den Zucker in einer Schüssel mischen. 100–150 ml lauwarmes Wasser und 4 EL Olivenöl zugeben. Alles mit den Knethaken des Handrührers zu einem glatten Teig verkneten, diesen zu einer Kugel formen und zugedeckt an einem warmen Ort etwa 30 Min. gehen lassen.

2 Inzwischen die TK-Pommes nach Packungsanweisung im Backofen zubereiten. Den Backofen dann auf 220 °C (Umluft 200 °C, Gas Stufe 4) eingeschaltet lassen.

3 Oregano und Thymian waschen und die Blättchen hacken. Zwiebel und Knoblauch schälen, die Zwiebel fein würfeln, den Knoblauch hacken und beides im restlichen Öl unter Rühren bei mittlerer Hitze glasig dünsten. Das Hack zugeben und unter Rühren krümelig braten. Tomaten hinzufügen, das Ganze kräftig mit Salz, Pfeffer und Paprika würzen. Oregano und Thymian untermischen und alles etwa 5 Min. bei mittlerer Hitze kochen lassen; gelegentlich umrühren.

4 Den Mozzarella in dünne Scheiben schneiden. Den Teig durchkneten und auf der bemehlten Arbeitsfläche rund auf etwa 32 cm Ø ausrollen. Die Pizza auf ein mit Backpapier ausgelegtes Blech legen, die Ränder leicht umklappen. Die Sauce auf der Pizza verstreichen.

5 Die Pizza im heißen Ofen auf der untersten Schiene etwa 10 Min. backen. Die Pommes salzen und auf die Pizza legen; die Käsescheiben darauf verteilen, den Parmesan darüber streuen. Die Pizza noch weitere 5–8 Min. backen.

variation

… für einen Puten-
burger: 400 g Puten-
oberkeule ohne Haut
und Knochen grob wür-
feln und portionsweise
in der Moulinette ha-
cken. Mit 1 gewürfelten
Zwiebel wie im Rezept
beschrieben weiterver-
arbeiten.

HAMBURGER MIT POMMES

Für 4 Personen
Dauer: ca. 40 Min.

$^1/_2$ Salatgurke
 (oder 1 Mini-Salatgurke)
2 Tomaten
400 g Rinderhack
20 g Semmelbrösel
1 Ei
1 EL Senf
Salz, Pfeffer
600 g TK-Pommes-frites
4 Hamburger-Brötchen
3 EL Pflanzenöl
4 Salatblätter, gewaschen
4 EL Mayonnaise
4 EL Tomatenketchup

1 Gurke und Tomaten waschen. Die Gurke in dünne
Scheiben, die Tomaten in etwa 1 cm dicke Scheiben
schneiden. Hackfleisch, Semmelbrösel, Ei und Senf
mit etwas Salz und Pfeffer verkneten. Aus dem Hack-
teig 4 flache Hacksteaks formen und auf einem geölten
Teller zugedeckt beiseite stellen. Die TK-Pommes nach
Packungsanweisung im Backofen zubereiten.

2 Die Brötchen quer halbieren und kurz vor Ende der
Garzeit für die Pommes mit der Schnittfläche nach unten auf dem Backofenrost (unterste Schiene) 3–5 Min.
rösten. Inzwischen das Öl in einer Pfanne erhitzen
und die Hacksteaks darin bei mittlerer Hitze auf jeder
Seite etwa 3 Min. braten.

3 Die flachen Brötchenhälften mit Salatblättern, Gurken-
und Tomatenscheiben belegen. Hacksteaks, Mayonnaise und Ketchup darauf geben und mit den übrigen
Brötchenhälften bedecken. Die Pommes salzen und
dazu servieren.

+++ aus aller Welt

LACHSBURGER MIT POMMES

1 Das Toastbrot in kaltem Wasser einweichen. Den Lachs kalt abspülen, trockentupfen und sorgfältig entgräten. Den Fisch erst quer in dünne Streifen, dann in sehr kleine Würfel schneiden. Das Toastbrot gut ausdrücken, zerzupfen und mit Eigelb, Zitronensaft, Senf, 1/2 TL Salz, etwas Pfeffer und dem Lachs verkneten. Aus dem Fischteig 4 flache Frikadellen formen und in den Semmelbröseln wenden.

2 Das Öl in einer Pfanne erhitzen. Die Fischfrikadellen darin bei mittlerer Hitze auf jeder Seite etwa 3 Min. braten, herausnehmen und auf Küchenkrepp abtropfen lassen. Die TK-Pommes nach Packungsanweisung im Backofen zubereiten.

3 Die Brötchen quer halbieren und kurz vor Ende der Garzeit für die Pommes mit der Schnittfläche nach unten auf dem Backofenrost auf der untersten Schiene im Ofen 3–5 Min. rösten. Die Gewürzgurkenscheiben auf den unteren Brötchenhälften verteilen. Lachsfrikadellen und Remoulade darauf geben, mit den restlichen Brötchenhälften bedecken. Die Pommes salzen und dazu servieren.

Für 4 Personen
Dauer: ca. 40 Min.

3 Scheiben Toastbrot
400 g Lachsfilet (ohne Haut)
1 Eigelb
2 EL Zitronensaft
1 EL Senf
Salz, Pfeffer
40 g Semmelbrösel
3 EL Pflanzenöl
600 g TK-Pommes-frites
4 Hamburger-Brötchen
50 g dänische Gewürzgurkenscheiben
     (a. d. Glas; abgetropft)
6 EL dänische Remoulade
     (50 % Fett)

PUTENAUFLAUF MIT OREGANOCHIPS

Für 4 Personen
Dauer: ca. 1 Std.
Backzeit: ca. 30 Min.

Für die Kartoffelchips

1 Bund Oregano
400 g gleich große vorwiegend
   fest kochende Kartoffeln
Pflanzenöl zum Frittieren

Für den Auflauf

450 g Putenoberkeule, ausgelöst
   und ohne Haut
2 Zwiebeln
2 Knoblauchzehen
1 rote Chilischote
1 Dose Mais (300 g netto)
1 Dose Kidneybohnen
   (400 g netto)
3 EL Olivenöl
3 EL Tomatenmark
je $^1/_2$–1 TL gem. Kreuzkümmel
   (Cumin) und Koriander
500 g Tomatenpüree (Fertigprodukt)
Salz, Pfeffer

1 Für die Kartoffelchips den Oregano waschen, trocknen und die Blättchen abzupfen. Etwa 40 große Blätter beiseite legen, die restlichen hacken. Die Kartoffeln schälen, in dünne Scheiben schneiden und in kaltes Wasser legen, bis der Auflauf vorbereitet ist.

2 Das Fleisch grob würfeln und portionsweise in der Moulinette hacken. Zwiebeln und Knoblauch schälen, die Zwiebeln würfeln, den Knoblauch hacken. Die Chili waschen, längs halbieren, entkernen und fein würfeln. Mais und Bohnen abtropfen lassen. Den Backofen auf 200 °C (Umluft 180 °C, Gas Stufe 3) vorheizen.

3 Das Olivenöl in einer Pfanne erhitzen. Fleisch, Zwiebeln und Knoblauch darin bei mittlerer Hitze unter Rühren etwa 5 Min. braten. Gehackten Oregano, Tomatenmark, Kreuzkümmel, Koriander und Tomatenpüree zugeben, alles aufkochen, kräftig salzen und pfeffern und etwa 5 Min. offen kochen lassen. Bohnen und Mais unterrühren und den Pfanneninhalt in eine flache runde Auflaufform (26 cm Ø) geben; auf der zweiten Schiene von unten etwa 25 Min. backen.

4 Inzwischen die Kartoffelscheiben zwischen zwei Geschirrtüchern trocknen. Die Hälfte der Scheiben mit je einem Oreganoblatt belegen. Die übrigen Kartoffelscheiben auflegen; gut andrücken.

5 Das Frittieröl in einem hohen Topf (oder in einer Fritteuse) auf 180 °C erhitzen. Die Chips im heißen Fett goldbraun frittieren, auf Küchenkrepp abtropfen lassen und etwa 5 Min. vor Ende der Backzeit in den Auflauf stecken und mitbacken.

aus aller Welt

GEMÜSESTICKS UND POMMES MIT ANCHOÏADE

Für 4 Personen
Dauer: ca. 1¹/₄ Std.

Für die Anchoïade

80 g Sardellen (in Öl)
7 Knoblauchzehen
2 EL scharfer Senf
2 EL Weißweinessig
6 EL Olivenöl
150 g saure Sahne
¹/₂ Bund Basilikum
4 Zweige frischer Thymian

Für das Gemüse

200 g schlanke grüne Bohnen
Salz
je ¹/₂ grüne, rote und gelbe
    Paprikaschote
300 g schlanke Bundmöhren
6 Stangen Staudensellerie

Für die Pommes

700 g große vorwiegend fest
    kochende Kartoffeln
Pflanzenöl zum Frittieren
(oder 600 g lange
    TK-Pommes-frites)

1 Die Sardellen abspülen. zwei Knoblauchzehen schälen, grob zerschneiden und mit den Sardellen fein pürieren. Senf, Essig, Öl und saure Sahne zugeben und alles zu einem cremigen Dip verrühren. Basilikum und Thymian waschen und die Blättchen abzupfen. Thymian sehr fein, Basilikum etwas gröber hacken, beides unter den Dip heben; zugedeckt beiseite stellen.

2 Die Bohnen putzen, in Salzwasser in 5–8 Min. bissfest kochen, kalt abschrecken und auf Küchenkrepp abtropfen lassen. Die Paprika waschen, putzen, entkernen und längs in etwa ¹/₂ cm dicke Streifen schneiden. Möhren putzen, schälen und längs vierteln. Selleriestangen waschen, putzen, in etwa 8 cm lange Stücke schneiden, halbieren oder vierteln.

3 Die Kartoffeln schälen und in lange Stifte schneiden, in reichlich Salzwasser etwa 3 Min. sprudelnd kochen, kalt abschrecken, abtropfen lassen und zwischen zwei Geschirrtüchern trocknen. Das Frittieröl in einem hohen Topf (oder in einer Fritteuse) auf etwa 180 °C erhitzen. Kartoffelstifte und übrige ungeschälte Knoblauchzehen darin in zwei Portionen in 6–8 Min. goldgelb und knusprig frittieren. Oder TK-Pommes nach Packungsanweisung im Backofen zubereiten.

4 Inzwischen das Gemüse auf Küchenkrepp abtropfen lassen. Die Kartoffelstifte mit einer Schaumkelle herausheben und auf einem mit Küchenkrepp ausgelegten Blech im Backofen warm halten (Seite 10), bis die übrigen Pommes frittiert sind. Die Knoblauchzehen entfernen. Gemüse und Pommes mit der Anchoïade anrichten und sofort servieren.

FLORIDA-GRILL

Ob sie meinen Namen kennen? Keine Ahnung. Aber Ilka und Britta Flüchter wissen auf jeden Fall, was ich esse – und das ist es, was Pommesprofis hinter der Theke auszeichnet: die Aufmerksamkeit gegenüber den Kunden, ein familiärer Umgang. Ich gehöre ja gewissermaßen zum Stammpublikum: Schon als Auszubildender war ich in Ilkas und Brittas „Grillcenter" – und ihrer Currywurst mit Pommes rotweiß rettungslos verfallen. Wobei aus der ehemaligen „Bude" inzwischen eine richtige Gaststätte geworden ist: Die beiden Damen vom Grill sind umgezogen und haben das „Florida" eröffnet. Das Ambiente ist in Miami-typischen Pastelltönen gehalten, das Angebot glücklicherweise unverändert – mit Pommes in vier Geschmacksrichtungen und der legendären Currywurst. Auf Wunsch bekommen Sie diese übrigens auch noch im Pappschälchen – wie vor 20 Jahren.

Mr. Fritts (www.fritts.de)

Florida-Grill
Lütkeberg, Altenberge bei Münster

SIECKMANN IMBISS

Wer durch Bad Iburg geht, kommt unweigerlich an Peters Frittenschmiede vorbei. „Wie immer?", fragt Peter. „Wie immer!", lautet die Antwort. Peter ist Sponsor des TPC. TPC? Ganz einfach: Tee-Stuben Pommes Club. Die Geschichte des TPC begann, als man wegen Regen nicht grillen konnte und deshalb im Jugendkeller Pommes frittierte … Mittlerweile treffen sich die 14 TPCler regelmäßig. Nicht nur zum Pommesessen, auch zum Fußballspielen und anderen Aktivitäten. Im „Sieckmann Imbiss" hängt das Foto vom letzten Pokalsieg, darauf die Mannschaft und Peter mit dem Pott quer davor …

Jörn Fischer, TPC

Sieckmann Imbiss
Schloßstraße, Bad Iburg

WALDSCHWIMMBAD

Zurück zur Pommesbude meiner Kindheit – im Waldschwimmbad, wo ich die ersten Pommes überhaupt gegessen habe. Damals als die Welt noch in Ordnung war. Anstehen in langen Schlangen, nach Stunden im Wasser und auf dem Rasen. Als man durchgefroren und mit einem riesigen Loch im Magen endlich an die heißen Kartoffelstäbchen kam. Und die Pommes gabs natürlich in der pergamentigen Spitztüte – klar. Oben und zuerst die langen, kross-weichen Fritten und nach unten hin und zum Schluss die kleinen, braungebrannten Reststücke. Und alles eingetunkt in lecker-rote Ketchupsauce. Seitdem gehören Schwimmbad und Pommes für mich untrennbar zusammen. Ich esse sie dort zwar nicht immer, aber wenn – dann ist die Welt auch heute (fast) wieder in Ordnung. Und da ist es egal, dass es die Pommes im heutigen Waldschwimmbad-Imbiss in essbaren Waffelschälchen gibt oder mit anderen Saucen. Sie schmecken noch genauso lecker.

Inge Allerding

Imbiss im Waldschwimmbad
Niedernhausen/Taunus

++ Pommes +++ edel u

KARTOFFELCHIPS MIT GEGRILLTEN AUSTERNPILZEN

Für 4 Personen
Dauer: ca. 45 Min.

Für die Kartoffelchips

600 g große vorwiegend fest
    kochende Kartoffeln
Salz
Pflanzenöl zum Frittieren

Für die Austernpilze

2 Knoblauchzehen
2 TL grobes Meersalz
2 Zweige frischer Rosmarin
schwarzer Pfeffer
500 g Austernpilze, etwa
    gleich groß
gut 6 EL Olivenöl
1 Bund Rucola
2–3 EL Aceto balsamico

1 Für die Kartoffelchips die Kartoffeln gründlich waschen und abbürsten. Dann aus den ungeschälten Kartoffeln nach Grundrezept 2 (Seite 12) Kartoffelchips vorbereiten.

2 Für die gegrillten Pilze den Knoblauch schälen und mit dem Meersalz im Mixer fein zerkleinern. Den Rosmarin waschen, trocknen, die Nadeln abzupfen und hacken. Rosmarin, die Hälfte vom Knoblauchsalz und etwas Pfeffer mischen.

3 Die Austernpilze mit Küchenkrepp säubern und putzen. Dicke Enden abschneiden und die Pilze mit der Hautseite nach unten auf ein geöltes Backblech legen. Die Austernpilze dann mit 4 EL Olivenöl beträufeln und mit dem Rosmarinsalz bestreuen. Den Backofengrill vorheizen.

4 Den Rucola verlesen, waschen und trocknen. Die Pilze unter dem heißen Backofengrill 5–6 Min. grillen, auf dem Blech beiseite stellen.

5 Die Kartoffelchips nach Grundrezept 2 (Seite 12) portionsweise erst vorfrittieren, dann goldbraun und knusprig zu Ende frittieren.

6 Das restliche Olivenöl mit dem Aceto balsamico verrühren und mit dem Rucola mischen. Die Kartoffelchips mit Knoblauchsalz würzen und mit den Austernpilzen auf dem Rucola anrichten. Sofort servieren.

++ Pommes +++ edel u

TEX-MEX-SALAT MIT KARTOFFELCHIPS

Für 4 Personen
Dauer: ca. 1 Std.

Für die Chips

600 g große vorwiegend fest
    kochende Kartoffeln
Salz, Pflanzenöl zum Frittieren

Für den Salat

3 rote Zwiebeln
1 Knoblauchzehe
2 EL Pflanzenöl
250 g Rinderhackfleisch
je ½–1 TL gem. Kreuzkümmel
    (Cumin) und Koriander
1 kleine Dose Mais (140 g netto)
1 kleine Dose Kidneybohnen
    (125 g netto)
1 Glas mexikanische Sauce „Salsa"
    (200 ml; z.B. von „Pace")
Salz, Pfeffer
300 g Tomaten
1 kleiner Kopf Römersalat
3–4 EL eingelegte Jalapeño-
    Chili-Streifen
1 Bund Koriandergrün
2–3 EL Limettensaft

1 Aus den Kartoffeln nach Grundrezept 2 (Seite 12) Kartoffelchips vorbereiten.

2 Für den Salat Zwiebeln und Knoblauch schälen. Die Hälfte der Zwiebeln längs halbieren, quer in dünne Halbringe schneiden und zugedeckt beiseite stellen. Die restlichen Zwiebeln würfeln.

3 Das Öl in einer Pfanne erhitzen, Zwiebelwürfel und Hackfleisch darin unter gelegentlichem Wenden anbraten. Den Knoblauch dazupressen, alles mit Kreuzkümmel und Koriander würzen und bei mittlerer Hitze unter Rühren etwa 5 Min. braten.

4 Mais und Bohnen in einem Sieb kalt abspülen und gut abtropfen lassen; mit 4 EL Salsa zum Hackfleisch geben und erhitzen. Alles mit Salz und Pfeffer würzen und die Pfanne beiseite stellen.

5 Die Tomaten waschen und in Spalten schneiden. Den Salat putzen, waschen, trocknen und quer in etwa 1 cm breite Streifen schneiden. Die Chilistreifen abtropfen lassen. Das Koriandergrün waschen, trocknen und die Blättchen abzupfen. Den vorbereiteten Römersalat, die Tomaten, Chilistreifen, Korianderblättchen und den Limettensaft mischen.

6 Die Kartoffelscheiben frittieren (Seite 12), kurz abtropfen lassen und salzen. Die Hackfleischmischung unter den Römersalat, heben und mit den Kartoffelchips anrichten. Die restliche Salsa als Dip zum Salat servieren.

ENDIVIENCREMESUPPE MIT FEINEN POMMES

Für 4 Personen
Dauer: ca. 50 Min.

1 Kopf Endiviensalat (ca. 400 g)
800 g vorwiegend fest kochende
   Kartoffeln
150 g Zwiebeln
3 EL Sonnenblumenöl
900 ml Gemüsebrühe
200 g Schlagsahne
Pflanzenöl zum Frittieren
Salz, Pfeffer
etwas ger. Muskatnuss
2 EL ger. Meerrettich (Fertigprodukt)

1 Den Endiviensalat putzen, waschen und trocknen. Die Blätter in etwa $1/2$ cm dicke Streifen schneiden.

2 Die Kartoffeln schälen, etwa 200 g davon wie in Grundrezept 1 (Seite 10) in sehr dünne Stifte schneiden und in kaltes Wasser legen. Die restlichen Kartoffeln würfeln. Die Zwiebeln schälen und würfeln.

3 Das Sonnenblumenöl in einem Topf erhitzen. Kartoffelwürfel und Zwiebeln darin bei mittlerer Hitze unter Rühren etwa 5 Min. dünsten. Brühe und Sahne zugeben, aufkochen und die Suppe zugedeckt etwa 20 Min. kochen lassen.

4 Inzwischen das Frittieröl in einem hohen Topf (oder in einer Fritteuse) bei starker Hitze auf etwa 180 °C erhitzen. Die Kartoffelstifte in einem Sieb abtropfen lassen, dann Kartoffeln und Sieb trocknen.

5 Die Kartoffelstifte im heißen Öl 1–3 Min. frittieren, mit einer Schaumkelle herausheben und im Sieb abtropfen lassen. Auf ein mit Küchenkrepp ausgelegtes Backblech legen und im heißen Backofen bei 100 °C (Umluft nicht empfehlenswert, Gas Stufe 1) warm halten, bis die Suppe fertig ist.

6 Die Suppe vom Herd nehmen, etwa drei Viertel vom Endiviensalat zugeben und alles fein pürieren. Die Suppe mit Salz, Pfeffer, Muskat und Meerrettich abschmecken und unter Rühren vorsichtig erhitzen, jedoch nicht kochen lassen. Die Kartoffelstifte leicht salzen. Die Suppe mit Salatstreifen und Kartoffelstiften bestreut servieren.

SALAT MIT PUTENSTREIFEN UND CURRYCHIPS

Für 4 Personen
Dauer: ca. 1 Std.

Für die Kartoffelchips

500 g große vorwiegend fest
    kochende Kartoffeln
2 EL mildes Currypulver
Pflanzenöl zum Frittieren
Salz

Für den Salat

1–2 Knoblauchzehen
1 kleine rote Chilischote
1 unbehandelte Zitrone
3 Putenschnitzel (à ca. 100 g)
150 g Magermilchjoghurt
1 TL Honig
$1/2$ TL gem. Kreuzkümmel (Cumin)
Salz, Pfeffer
3 EL Sonnenblumenöl
$1/2$–1 Kopf Eisbergsalat
1 Granatapfel

1 Die Kartoffeln gründlich waschen und abbürsten. Aus den ungeschälten Kartoffeln Chips nach Grundrezept 2 (Seite 12) vorbereiten.

2 Für den Salat den Knoblauch schälen. Chilischote waschen, längs halbieren und mit den Kernen hacken. Die Zitrone heiß abwaschen, trocknen und die Schale dünn abreiben. Die Zitrone auspressen, 3 EL Saft, Zitronenschale und Chili verrühren. Die Hälfte vom Knoblauch dazupressen. Das Fleisch kalt abspülen, trockentupfen und in fingerdicke Streifen schneiden; mit der Zitronenmarinade mischen, beiseite stellen.

3 2–3 EL Zitronensaft, Joghurt und Honig verrühren, den restlichen Knoblauch dazupressen und mit dem Kreuzkümmel verrühren. Die Sauce mit Salz und Pfeffer würzen, 1 EL Sonnenblumenöl unterrühren.

4 Den Salat putzen, waschen und trocknen, die Blätter in mundgerechte Stücke zupfen. Den Granatapfel viermal von der Blüte zum Stielansatz einschneiden und in 4 Teile brechen; Kerne aus der Schale lösen.

5 Die Putenstreifen abtropfen lassen. 2 EL Sonnenblumenöl in einer Pfanne erhitzen und das Fleisch darin bei mittlerer Hitze unter Rühren etwa 8 Min. braten; im Backofen bei 100 °C (Umluft nicht empfehlenswert, Gas Stufe 1) warm halten.

6 Die Kartoffelchips trocknen, mit Curry gleichmäßig würzen, vorfrittieren, dann goldbraun und knusprig frittieren, salzen. Den Salat auf Teller geben, etwas Sauce, die Granatapfelkerne und die Putenstreifen darüber verteilen. Mit den Currychips servieren. Die restliche Sauce dazu reichen.

++ Pommes +++ edel u

POTATOE SKINS MIT HÄHNCHEN UND KRÄUTERPESTO

Für 4 Personen
Dauer: ca. 1¹/₂ Std.
Backzeit: ca. 1¹/₄ Std.

Für die Potaoe skins

8 gleich große fest kochende
  Kartoffeln (ca. 1 kg)
3 EL Pflanzenöl
Salz, Pfeffer

Für die Hähnchenbrust

400 ml Gemüsebrühe
125 ml Weißwein
600 g Hähnchenbrustfilets,
  ausgelöst und ohne Haut
Salz, Pfeffer
1 große rote Paprikaschote
2 Frühlingszwiebeln

Für das Kräuterpesto

2–3 Knoblauchzehen
200 g Brunnenkresse
120 g Rucola
75 g Pinienkerne
50 g ger. Parmesan
8 EL Olivenöl
Salz, Pfeffer

1 Den Backofen auf 200 °C (Umluft 180 °C, Gas Stufe 3) vorheizen. Die Kartoffeln gründlich waschen, abbürsten, trocknen, rundherum mit Öl bepinseln und auf ein Blech legen; im heißen Ofen auf der zweiten Schiene von unten etwa 40 Min. backen.

2 Inzwischen Brühe und Wein aufkochen. Das Hähnchenfleisch darin zugedeckt in etwa 10 Min. gar ziehen lassen; herausheben (Kochsud aufbewahren), salzen, pfeffern und abkühlen lassen. Die Paprika waschen, putzen, entkernen und vierteln; quer in dünne Streifen schneiden. Frühlingszwiebeln putzen, waschen und in dünne Ringe schneiden.

3 Die Kartoffeln mit einer Gabel mehrfach einstechen; weitere 20 Min. backen. Brunnenkresse und Rucola verlesen, waschen und ohne die harten Stiele grob hacken. Die Pinienkerne ohne Fett rösten. Kräuter, Pinienkerne, Parmesan und durchgepressten Knoblauch im Mixer fein hacken. Das Olivenöl unterarbeiten.

4 Die Kartoffeln etwas abkühlen lassen, den Ofen auf 250 °C (Umluft 230 °C, Gas Stufe 5) einstellen. Die Hähnchenbrust quer in Scheiben schneiden und mit Paprika und Frühlingszwiebeln mischen. Kartoffeln längs vierteln und mit einem Teelöffel so aushöhlen, dass ein etwa 4 mm breiter Rand stehen bleibt.

5 Die Potaoe skins salzen, pfeffern, mit etwas Pesto bestreichen, auf das Blech setzen und auf der zweiten Schiene von unten 10–15 Min. backen. Restliches Pesto mit 100 ml Hähnchen-Kochsud mischen, mit Salz und Pfeffer würzen. Fleisch, Gemüse und Potatoeskins auf Tellern anrichten, das Pesto über das Fleisch geben.

GEMÜSE MIT ZITRUS-GREMOLATA UND CHILIPOMMES

Für 4 Personen
Dauer: ca. 1 Std.
Marinierzeit: ca. 30 Min.

Für die Zitrus-Gremolata

2 Bund glatte Petersilie
2 Knoblauchzehen
je 1 unbehandelte Zitrone und
    Orange

Für das Gemüse

400 g Brokkoli
400 g Romanesco
250 g schlanke Bundmöhren
Salz
3 EL Olivenöl

Für die Pommes

600 g TK-Pommes-frites
1 Prise Chilipulver

1 Für die Gremolata die Petersilie waschen, trocknen und mit den zarten Stielen hacken. Den Knoblauch schälen und dazupressen.

2 Zitrone und Orange heiß abwaschen und trocknen. Die Schale jeweils dünn abreiben, mit der Petersilie mischen und zugedeckt beiseite stellen.

3 Brokkoli und Romanesco putzen und in kleine Röschen teilen. Die Möhren putzen, schälen und schräg in etwa 1 cm dicke Scheiben schneiden. Reichlich Salzwasser aufkochen. Brokkoli, Romanesco und Möhren darin 4–5 Min. sprudelnd kochen lassen; das Gemüse soll gerade noch bissfest sein.

4 Das Gemüse mit einer Schaumkelle aus dem Wasser heben, sofort in reichlich kaltem Wasser abschrecken und abtropfen lassen.

5 Das Olivenöl erwärmen und mit dem Gemüse und der Gremolata mischen. Die Gemüsemischung zugedeckt etwa 30 Min. marinieren lassen.

6 Inzwischen die TK-Pommes nach Packungsanweisung im Backofen zubereiten. Mit Salz und Chilipulver würzen. Das Gemüse mit den Pommes anrichten und servieren.

tipp

Die Gremolata kommt aus Italien und bedeutet Gehacktes, Durchmischtes. Sie würzt viele Schmorgerichte, passt aber auch gut zu Spaghetti!

GURKENSALAT MIT LACHS UND POMMES

Für 4 Personen
Dauer: ca. 1 Std.

Für den Lachs

200 g Räucherlachs
1 Schalotte
1 EL weißer Wermut (z. B. Martini)
Salz, Pfeffer

Für den Gurkensalat

$1/2$ Kopf Bataviasalat
300 g Salatgurke
3 Stängel Dill
3–4 EL Zitronensaft
2–3 TL Senf
1 EL Honig
2 EL Sonnenblumenöl

Für die Pommes

500 g große vorwiegend fest
    kochende Kartoffeln
Salz
Pflanzenöl zum Frittieren

1 Den Räucherlachs in kleine Würfel schneiden. Die Schalotte schälen und sehr fein würfeln. Lachs, Schalotte, Wermut, etwas Salz und Pfeffer mischen und beiseite stellen.

2 Den Salat putzen, waschen, trocknen und in mundgerechte Stücke zupfen. Die Gurke waschen, streifig schälen, längs halbieren und die Kerne mit einem Teelöffel herauskratzen. Die Gurkenhälften quer in etwa $1/2$ cm dicke Scheiben schneiden.

3 Den Dill waschen, trocknen, die Spitzen abzupfen und hacken. Zitronensaft, Senf und Honig verrühren; mit Salz und Pfeffer würzen. Erst das Öl unterschlagen, dann den Dill unterheben.

4 Die Kartoffeln schälen und in etwa $1/2$ cm dünne Scheiben, dann längs in etwa 3 mm dünne Streifen schneiden. Die Kartoffelstreifen in kochendem Salzwasser etwa 2 Min. garen, kalt abschrecken und in einem Sieb gut abtropfen lassen.

5 Das Frittieröl in einem hohen Topf (oder in einer Fritteuse) bei starker Hitze auf 180 °C erhitzen. Inzwischen die Kartoffelstreifen zwischen zwei Küchentüchern trocknen. Das Sieb abtrocknen. Die Kartoffeln im heißen Öl goldgelb und knusprig frittieren. Mit einer Schaumkelle herausheben, ins Sieb geben und anhängendes Fett abschütteln.

6 Salatblätter, Gurken und Senf-Dill-Sauce mischen und auf 4 Teller verteilen. Die Lachswürfel darauf geben. Die Kartoffelstreifen salzen und dazu servieren.

++ Pommes +++ edel u

CHEFSALAT MIT SPIRAL-POMMES

Für 4 Personen
Dauer: ca. 1 Std.

Für die Spiral-Pommes
600 g längliche vorwiegend fest
kochende Kartoffeln
Pflanzenöl zum Frittieren
etwas Cayennepfeffer

Für den Salat
4 Eier
1/2 Kopf Bataviasalat
1/2 Kopf Lollo-bionda-Salat
200 g Cocktailtomaten
100 g schwarze Oliven
8 milde Peperoni
100 g junger Gouda (in Scheiben)
100 g Kochschinken, hauchdünn
geschnitten

Für das Dressing
1 Bund Schnittlauch
300 g Joghurt, 150 g Crème fraîche
3–4 EL Tomatenketchup
2 EL mittelscharfer Senf
Salz, Pfeffer
etwas Worcestershiresauce

1 Die Kartoffeln schälen und mit einem Rettichschneider (Haushaltwarengeschäft) in Spiralen schneiden. Die Spiralen vorsichtig auseinander ziehen und in kaltes Wasser legen, bis die übrigen Zutaten vorbereitet sind. Inzwischen die Eier für den Salat in etwa 8 Min. hart kochen. Abschrecken und pellen.

2 Die Salate putzen, waschen, trocknen und die Blätter in mundgerechte Stücke zupfen. Die Tomaten waschen und halbieren oder vierteln. Oliven und Peperoni abtropfen lassen. Den Käse in schmale Streifen schneiden.

3 Für das Dressing den Schnittlauch waschen, trocknen und in Röllchen schneiden. Joghurt, Crème fraîche, Ketchup und Senf verrühren; mit Salz, Pfeffer und Worcestershiresauce würzen. Die Schnittlauchröllchen unterheben.

4 Die Kartoffelspiralen in einem Sieb abtropfen lassen, das Sieb dabei öfter schütteln. Die Kartoffelspiralen nach Grundrezept 2 (Seite 12) portionsweise erst vorfrittieren, dann goldbraun und knusprig frittieren.

5 Die Eier vierteln. Blattsalate, Tomaten, Oliven, Peperoni, Schinken und Eier auf 4 Teller verteilen. Jeweils 1–2 EL Dressing darüber geben und alles mit dem Käse bestreuen. Die Kartoffelspiralen mit Salz und nach Geschmack etwas Cayennepfeffer würzen und auf den Salat geben. Das restliche Dressing als Dip dazu servieren.

REZEPTVERZEICHNIS NACH KAPITELN

++ French fries +++

HINWEISE ZU
DEN REZEPTEN

ZUBEREITUNGSZEITEN

Zu jedem Rezept ist die Zeit angegeben, die Sie für die Zubereitung benötigen. Längere Zeitspannen, in denen es nur wenig oder nichts zu tun gibt, z.B. während ein Gericht im Ofen ist oder durchziehen muss, sind gesondert aufgeführt.

ZUTATEN

Wenn nicht anders angegeben, beziehen sich die Mengenangaben bei Obst und Gemüse auf die ungeputzte Rohware.

Bei Stückangaben wird von einem Stück mittlerer Größe ausgegangen.

Sofern nicht anders angegeben, werden Eier der Größe M verwendet.

POMMES-HERSTELLUNG
UND FRITTIERTIPPS

Für die Zubereitung von Pommes frites eignen sich am besten die Kartoffelsorten Desirée und Bintje.

Verwenden Sie zum Frittieren ein Öl, das sich hoch erhitzen lässt (z. B. Erdnussöl) oder ein Plattenfett (z.B. Biskin oder Palmin).

Das Frittierfett für die Pommes hat die richtige Temperatur, wenn das heiße Fett bei einem Probe-Pommes sofort aufrauscht. Bei elektrischen Friteusen bitte die Gebrauchsanweisung beachten.

Wenn Sie mehrmals frittieren wollen, gießen Sie das bereits verwendete Fett durch einen Kaffeefilter. Kleine Reststücke werden so entfernt. Das Fett bitte nicht öfter als 3- bis 4-mal verwenden.

KÜCHENTIPPS

Beim Putzen und Zerkleinern der Chilischoten arbeiten Sie wegen der beißenden Schärfe am besten mit Gummihandschuhen, oder Sie waschen sich danach sofort die Hände. Denn es würde fürchterlich brennen, wenn Sie mit den „Chilihänden" ins Gesicht und besonders an die Augen kämen.

ÜBRIGENS ...

Kaufen Sie Fleisch und Wurst doch einmal aus artgerechter Tierhaltung. Beides ist in Naturkostläden und inzwischen auch in vielen Supermärkten erhältlich. Sie haben damit nicht nur beste Qualität auf dem Teller, sondern unterstützen auch umweltschonende Produktionsweisen.

ABKÜRZUNGEN

Min.	=	Minute(n)
Std.	=	Stunde(n)
EL	=	Esslöffel
TL	=	Teelöffel
gem.	=	gemahlen
ger.	=	gerieben
Ø	=	Durchmesser

Im FALKEN Verlag sind zahlreiche Titel zum Thema „Essen und Trinken" erschienen.
Sie erhalten sie überall dort, wo es Bücher gibt.

Sie finden uns im Internet: **www.falken.de**

Dieses Buch wurde auf chlorfrei gebleichtem und säurefreiem Papier gedruckt.

Der Text dieses Buches entspricht den Regeln der neuen deutschen Rechtschreibung.

ISBN 3 8068 7635 5

© 2001 by FALKEN Verlag in der Verlagsgruppe FALKEN/Mosaik,
einem Unternehmen der Verlagsgruppe Random House GmbH, 65527 Niedernhausen/Ts.
Die Verwertung der Texte und Bilder, auch auszugsweise, ist ohne Zustimmung des Verlags urheber-
rechtswidrig und strafbar. Dies gilt auch für Vervielfältigungen, Übersetzungen, Mikroverfilmung und
für die Verarbeitung mit elektronischen Systemen.

Umschlaggestaltung: Martina Eisele, München
Layout: Johannes Steil, Wiesbaden
Herstellung: Petra Zimmer
Redaktion: Birgit Hinsch
Lektorat: Claudia Schmidt, München
Umschlagfoto: Michael Brauner, Karlsruhe
Rezeptfotos: Michael Brauner, Karlsruhe
Weitere Fotos im Innenteil: Anja Knudsen, Stuttgart: S. 1; Michael Brauner, Karlsruhe: S. 4 – 7;
Britta Symma, Berlin: S. 8 (li.); Ines Christner-Benedetti, Berlin: S. 8 (re.); Elke Brinkkötter, Berlin:
S. 8 (o. re.), S. 9 (li.); Martina Zemàkova, Berlin: S. 9 (re. o. und u.); Annette Gillich, Essen: S. 22;
Marlein Auge, Düsseldorf: S. 23; Jessika Thurn, Hamburg: S. 54 (li. o. und re.), S. 55 (li. u.); Gisela
Pohlkemper, Mainz: S. 54 (li. u.), S. 55 (li. o.); Anja Knudsen, Stuttgart: S. 55 (re.); Britta Flüchter,
Altenberge: S. 76 (li.); Jörn Fischer, Münster: S. 76 (re.); Inge Allerding, Niedernhausen: S. 77

Satz: FALKEN Verlag
Reproduktion: Lithotronic, Frankfurt am Main
Druck: EuroGrafica S.p.A., Marano Vicenza
Printed in Italy

817 2635 4453 6271